SVILUPPO APPLICAZIONI WEB

HTML

Premessa

Il Web ha assunto un ruolo fondamentale nelle nostre vite, ha cambiato il nostro modo di vivere, di comunicare, di svolgere operazioni comuni. Considerata la sua crescita, usare il Web rende più semplice la vita infatti si prevede un aumento significativo delle professioni legate a questo mondo.

Il Web, in realtà, racchiude molteplici professioni infatti ci sono professionisti che si occupano di manutenere un server che ospita dei siti Web, altri si occupano della grafica di un sito Web, altri ancora che ne creano i contenuti, altri che si occupano di creare la struttura di un sito e curarne il suo aspetto. Ovviamente tutto questo avviene per siti molto grandi, pensiamo ad e-commerce, giornali, social network ecc.

Tutto ciò non vuol dire che creare un sito Web sia molto complesso, qualcosa di dedicato solo a persone esperte, anzi, tutto il contrario. Chiunque può imparare a creare un sito Web e non sono richieste competenze particolari, basta un buon manuale e, se necessario, qualche ricerca su Internet. Se vuoi gestire anche il server che ospiterà il tuo sito Web potresti avere qualche difficoltà in più ma esistono soluzioni semplici e a basso costo. Potresti acquistare un dominio a pochi euro da una delle tante aziende che fornisce questi servizi di hosting ed iniziare subito a costruire un sito Web. In questo modo contare anche su un supporto tecnico per eventuali problemi.

Per costruire un sito non servono software a pagamento, anzi, la maggior parte è gratuita quindi potrai scegliere in autonomia da quelli più elementari fino a quelli più complessi ed avanzati.

In ogni caso, il modo migliore per poter imparare è sperimentare, essere curiosi e non accontentarsi mai di una soluzione ma raggiungere quella che riteniamo essere la migliore, magari riadattandola in base al giudizio degli utenti. È per questo che Google nel 2009 ha testato 41 gradazioni di blu differenti per risultati di ricerca e annunci pubblicitari in Gmail quindi cerca sempre il miglior aspetto per il tuo sito e verifica che si adatti ad ogni dispositivo: pc, tablet, smartphone e recentemente anche Smart-TV.

Capitolo 1
HTML e Web

Qui spiegheremo i principi base che sono dietro al modo in cui funziona HTML, descriveremo come HTML fa funzionare le pagine ed esamineremo i grandi siti Web per coglierne suggerimenti ed individuare delle funzionalità. Infine, costruiremo piccolo sito Web per aumentare la nostra confidenza con questo linguaggio di markup e per "mettere le mani in pasta". Con un po' di conoscenza, un po' di pratica e, ovviamente, un po' di teoria, anche tu puoi costruire il tuo sito Web o continuare il lavoro che hai già intrapreso. Il modo migliore per iniziare a lavorare con l'HTML è quello di iniziare subito a creare una pagina, dopo qualche nozione fondamentale.

Le pagine Web possono contenere diversi tipi di contenuti: elementi grafici, testo, file audio e video. Questo è solo un elenco parziale infatti navigando sul Web ti imbatterai in un vero e proprio vortice di informazioni e contenuti che vengono visualizzati in vari modi. Sebbene ogni sito Web sia diverso, ognuno ha una cosa in comune: **HyperText Markup Language** (HTML). Esatto, indipendentemente dalle informazioni che una pagina Web può contenere, ogni singola pagina Web viene creata utilizzando HTML. Considera questo linguaggio come la struttura di una pagina Web; la grafica, il contenuto e altre informazioni sono i mattoni. Ma cos'è esattamente l'HTML e come funziona?

Cos'è l'HTML?

Le pagine Web non sono altro che documenti di testo, il testo è il linguaggio universale dei computer, il che significa che qualsiasi file di testo (inclusa una pagina Web) creata su un computer Windows funziona ugualmente bene su un sistema che esegue Mac OS, Linux, Unix o qualsiasi altro sistema operativo. Le pagine Web non sono semplicemente documenti di testo ma sono documenti realizzati con un testo speciale, pieno di **tag**. HTML è una raccolta di istruzioni che vengono incluse insieme al contenuto in un file di testo in chiaro che specifica l'aspetto e il comportamento della pagina.

Ricorda che si tratta di file di testo quindi puoi crearlo e modificarlo con qualsiasi editor partendo da Blocco note fino ad arrivare ad Atom. Quando inizi con HTML, un editor di testo è fondamentale e sono disponibili molti editor tra cui Notepad++, SublimeText o anche WebStorm, Eclipse, Visual Studio ecc. Basta installare e lanciare l'editor e sei pronto per creare la tua pagina. I browser Web sono stati creati appositamente allo scopo di leggere le istruzioni HTML e visualizzare la pagina risultante. Ad esempio, dai un'occhiata alla pagina Web mostrata nell'immagine seguente e crea un rapido elenco mentale di tutto ciò che vedi.

Le varietà dei funghi

I funghi sono uno dei frutti più preziosi e stravaganti del bosco e delle piante. Eccone alcune specie:

- Chiodini
- Champignon
- Finferli
- Geloni
- Lingue di bue
- Mazze di Tamburo
- Ovoli
- Pioppini
- Prataioli
- Porcini
- Prugnoli
- Rositi

I componenti di questa pagina includono un'intestazione che descrive le informazioni sulla pagina, un paragrafo di testo sulle varietà di funghi e un elenco di varietà comuni. Si noti, tuttavia, che diversi componenti della pagina hanno una formattazione e quindi un aspetto diverso l'uno dall'altro. L'intestazione nella parte superiore della pagina è più grande del testo nel paragrafo e le varietà di funghi fanno parte di un elenco puntato. Il browser sa visualizzare questi diversi componenti della pagina in modi specifici proprio grazie all'HTML, descritto di seguito:

```
<html>
 <head>
  <title>Varietà di funghi</title>
 </head>
 <body>
  <h1>Le varietà dei funghi</h1>
  <p>I funghi sono uno dei frutti più preziosi e stravaganti del bosco e delle piante. Eccone alcune specie:</p>
  <ul>
```

```html
    <li>Chiodini</li>
    <li>Champignon</li>
    <li>Finferli</li>
    <li>Geloni</li>
    <li>Lingue di bue</li>
    <li>Mazze di Tamburo</li>
    <li>Ovoli</li>
    <li>Pioppini</li>
    <li>Prataioli</li>
    <li>Porcini</li>
    <li>Prugnoli</li>
    <li>Rositi</li>
  </ul>
</body>
</html>
```

Il testo racchiuso tra i segni minore di e maggiore di (<>) è HTML, spesso indicato come markup, ad esempio, il markup <p> ... </p> identifica il testo riguardo le varietà di funghi come paragrafo e il markup <li> ... </li> identifica ogni elemento nell'elenco come una varietà. Come vedi basta poco per creare una pagina HTML, basta incorporare il markup in un file di testo insieme al testo per far sapere al browser come visualizzare la pagina Web. Per ora, l'importante è capire che il markup risiede all'interno di un file di testo insieme al contenuto per dare istruzioni a un browser.

Cos'è il Web?

Le tue pagine HTML non sarebbero utili se non potessi condividerle con il resto del mondo, per fortuna ci sono i **server Web** che lo rendono possibile. Un server Web è un computer connesso a Internet, con del software installato e in grado di rispondere alle richieste di pagine dai browser Web. Quasi ogni computer può essere un server Web, incluso il computer di casa, ma, i server Web sono generalmente computer dedicati solo a questo. Se stai creando pagine per un sito Web aziendale, potresti già disporre di un server Web su cui inserirle; devi solo chiedere informazioni al sistemista IT. Tuttavia, se stai iniziando un nuovo sito per divertimento o a scopo di lucro, dovrai trovare un **host** per le tue pagine. Trovare un host economico è facile, ne esistono moltissimi e con una semplice ricerca troverai quello che cerchi.

L'ultima parte fondamentale è un **browser Web**, il quale, esegue istruzioni scritte in HTML e usa queste istruzioni per visualizzare il contenuto di una pagina Web sullo schermo. Pensala in questo modo: i documenti di Microsoft Word possono essere visualizzati al meglio utilizzando Microsoft Word. È possibile utilizzare altri programmi di elaborazione testi (o anche versioni diverse di Word) per visualizzare i documenti di Word e, per la maggior parte, i documenti sembrano praticamente uguali. Questo concetto si applica ai documenti HTML. Devi sempre scrivere il tuo HTML con l'idea che moltissime persone visualizzeranno il contenuto usando un browser Web. Nota bene che esistono più tipi di browser e ognuno è disponibile in diverse versioni. Di solito, i browser Web richiedono e visualizzano le pagine Web disponibili via Internet da un server Web, ma è anche possibile visualizzare le pagine HTML salvate sul proprio computer prima di renderle disponibili su un server Web tramite Internet. Quando stai sviluppando le tue pagine HTML, visualizzi queste pagine (chiamate **pagine locali**), nel tuo browser. Puoi utilizzare le pagine locali per avere un'idea di ciò che le persone vedranno quando la pagina verrà pubblicata su Internet.

La cosa più importante da ricordare sui browser Web è che ogni browser interpreta l'HTML a modo suo infatti lo stesso HTML non ha lo stesso aspetto da un browser all'altro. Quando lavori con HTML di base, le variazioni non sono significative, ma quando inizi a integrare altri elementi (come script e multimedia), le cose diventano un po' più complicate nonostante gli standard cerchino di rendere le interfacce sempre più uniformi.

Molte persone usano i browser per vedere dei contenuti come testo, immagini, video, layout complessi e altro ancora. Il Web, tuttavia, è usato anche da persone ipovedenti che non possono trarre vantaggio da una visualizzazione grafica quindi è necessario progettare un sito Web in modo che sia fruibile anche da chi ha questo tipo di disabilità. Dovresti sempre essere sensibile al fatto che almeno alcuni dei visualizzatori della tua pagina useranno uno **screen reader** per il tuo sito. È buona norma mettersi nei panni di un ipovedente per testare l'accessibilità del proprio sito.

Capitolo 2
Sintassi di HTML

Tutto sommato, HTML è un linguaggio molto semplice per descrivere i contenuti di una pagina Web. I suoi componenti sono facili da usare e dopo aver capito il principio, il resto è abbastanza naturale. HTML è composto da due componenti principali:

- Elementi
- Attributi

Gli elementi

Gli elementi sono al centro dell'HTML e li usi per descrivere ogni parte di testo sulla tua pagina. Gli elementi sono costituiti da tag e un elemento può avere un tag di inizio e fine o solo un tag di inizio. Contenuti come paragrafi, intestazioni, tabelle ed elenchi usano sempre una coppia di tag che seguono la stessa sintassi: <tag> … </tag> infatti come abbiamo visto nell'esempio precedente ci sono due tag per il paragrafo, uno di inizio e uno di fine. Pensa al tag iniziale come a un interruttore che dice al browser, "Il paragrafo inizia qui" - e il tag finale come a un interruttore che dice "Il paragrafo finisce qui", ovviamente, per poterli riconoscere il browser cerca il carattere / all'interno del tag.

Contenuti come immagini, interruzioni di riga, sospensioni per cambiare argomento utilizzano sempre un singolo tag come vedi nel caso di un'immagine:

```
<img src="funghi.jpg" width="100" height="100" alt="funghi nel prato">
```

Quando il browser visualizza la pagina, sostituisce l'elemento <img> con il file a cui punta (utilizza l'attributo src per eseguire il puntamento). I tag singoli, come quello per le immagini, vengono anche detti **elementi vuoti**. Non è possibile, tuttavia, creare dei propri tag ovvero degli elementi personalizzati, se non tramite dei framework come *Angular, React* e *Vue.js* ma che esulano da questo contesto.

Molte pagine (come l'elenco dell'esempio visto in precedenza) usano combinazioni di elementi per descrivere parte della pagina. Nel caso di un elenco puntato, ad esempio, l'elemento <ul> specifica che l'elenco non è ordinato (quindi puntato) e gli elementi <li> contrassegnano ciascuna riga nell'elenco. Quando combini elementi con questo metodo (chiamato annidamento), assicurati di aver chiuso il tag dell'elemento interno prima di chiudere l'elemento esterno altrimenti potresti avere degli errori o comunque potresti non visualizzare correttamente la pagina.

Gli attributi

Gli attributi aggiungono una funzionalità ad un elemento per descriverne il contenuto o il suo funzionamento all'interno della pagina. Possiamo pensare agli attributi come l'estensione di un elemento in modo da poterlo usare in modo diverso a seconda delle circostanze. Ad esempio, l'elemento <img> utilizza l'attributo src per specificare la posizione dell'immagine che si desidera includere in un determinato punto della pagina. Gli altri attributi (come width, height) forniscono informazioni su come visualizzare l'immagine mentre l'attributo alt fornisce un'alternativa di testo all'immagine che risulta utile qualora il browser non riesca a visualizzare correttamente l'immagine.

```html
<img src="funghi.jpg" width="100" height="100" alt="funghi nel prato">
```

I valori degli attributi devono sempre apparire tra virgolette, ma è possibile includere gli attributi ed i loro valori, in qualsiasi ordine all'interno del tag iniziale. Ogni elemento HTML possiede una raccolta di attributi che possono essere utilizzati con esso e non è possibile mescolare e abbinare altri attributi ed elementi. Alcuni attributi possono assumere come valore un qualsiasi testo perché il valore potrebbe essere qualsiasi cosa, come la posizione di un'immagine o di una pagina a cui vuoi collegarti. Altri hanno un elenco specifico di valori che l'attributo può assumere, come le opzioni per l'allineamento del testo in una cella di tabella. Le specifiche HTML definiscono esattamente quali attributi è possibile utilizzare con un dato elemento e quali valori (se definiti in modo esplicito) può assumere ciascun attributo.

Capitolo 3
Creare una pagina

La creazione della tua primissima pagina Web può sembrare un po' difficile, ma è sicuramente divertente e la nostra esperienza ci dice che il modo migliore per iniziare è immergersi nel codice. La creazione di documenti HTML è leggermente diversa dalla creazione di documenti di elaborazione testi in un'applicazione come Microsoft Word perché devi usare due applicazioni: fai il lavoro in una (il tuo editor di testo o di HTML) e visualizzi i risultati nell'altra (il tuo browser Web). Passare da un'applicazione ad un'altra per guardare il tuo lavoro può essere fastidioso, ma passerai come un professionista dall'editor di testo al browser e viceversa in un attimo. Per iniziare la tua prima pagina Web, hai bisogno di due cose: un editor di testo e un browser Web.

Pianificare la pagina

Puoi semplicemente iniziare a scrivere HTML senza un obiettivo ma abbiamo scoperto che alcuni minuti trascorsi a pianificare il tuo lavoro renderanno molto più semplice l'intero processo di creazione della pagina. In questo passaggio non è necessario creare un diagramma complicato o elaborare una visualizzazione grafica; basta annotare alcune idee per quello che vuoi sulla pagina e come vuoi che sia organizzato. Non devi nemmeno essere alla tua scrivania per pianificare il tuo design, puoi disegnarlo ovunque. In questo caso creiamo una breve lettera in modo da avere qualcosa di sostanziale su cui lavorare.

Il design di base per la pagina include quattro componenti fondamentali: un titolo, alcuni paragrafi che spiegano il nostro intento, un saluto e una firma.

Non dimenticare di annotare alcune note sulla combinazione di colori che desideri utilizzare sulla pagina. Per ottenere un effetto lavagna, abbiamo deciso che la nostra pagina di esempio avrà uno sfondo nero e un testo bianco, e il titolo dovrebbe essere "Saluti dal tuo caro amico".

Non appena hai definito la struttura della pagina è possibile procedere con il markup.

Scrivere il codice

Hai un paio di opzioni diverse quando sei pronto per creare il tuo HTML. Se disponi già di alcuni contenuti che desideri semplicemente descrivere con HTML, puoi salvarli come file di testo normale e aggiungere testo al loro interno. In alternativa, puoi iniziare a creare markup e aggiungere il contenuto mentre procedi. Alla fine, probabilmente userai una combinazione di entrambi. Nel nostro esempio, avevamo già un po' di testo per cominciare che era originariamente sottoforma di documento Word; abbiamo appena salvato il contenuto come file di testo e aggiunto il markup attorno ad esso. Per salvare un file Word come documento di testo, selezionare la voce *Salva con nome*. Nella finestra di dialogo che appare, scegli Solo testo (*.*txt*) dall'elenco a discesa per il tipo file.

```
<!DOCTYPE html>
<html>
 <head>
 <title>Saluti da Antonio</title>
 </head>


 <body bgcolor="black" text="white">
 <h1>Caro Filippo,</h1>
 <p>è passato un po' di tempo da quando siamo venuti a trovarti in Canada e da allora non ho più avuto un attimo di tempo per scriverti. Purtroppo, sono stato molto impegnato a lavoro infatti spesso ho dovuto fare dei turni di notte e straordinario.
 </p>
```

<p>**Adesso che la situazione è migliorata sono contento di aver trovato il tempo per scriverti e mi auguro che tu stia bene.**
</p>
<p>**Tantissimi saluti da noi,**</br>
Antonio Rossi
</p>
</body>
</html>

L'HTML include una raccolta di elementi e attributi di markup che descrivono il contenuto della lettera: l'elemento <html> definisce il documento come documento HTML. L'elemento <head> crea una sezione di intestazione per il documento e l'elemento <title> al suo interno definisce un titolo del documento che verrà visualizzato nella barra del titolo del browser. L'elemento <body> contiene il testo effettivo che verrà visualizzato nella finestra del browser. Gli attributi bgcolor e text hanno effetto sull'elemento <body> per impostare il colore dello sfondo nero e il colore del testo su bianco. L'elemento <h1> contrassegna il testo *Caro Filippo,* come intestazione di primo livello. Gli elementi <p> identificano ciascuno dei paragrafi nel documento.

L'elemento <br> aggiunge un'interruzione di riga manuale dopo il testo per il saluto e prima della firma.

Dopo aver creato una pagina HTML completa, o almeno la prima parte di essa che si desidera rivedere, è necessario salvarla prima di poter visualizzare il proprio lavoro in un browser.

Salvare la pagina

Ricorda che usi un editor di testo per creare i tuoi documenti HTML e un browser Web per visualizzarli, ma prima di poter visualizzare con il browser la tua pagina HTML, devi salvare quella pagina. Quando stai solo costruendo una pagina, dovresti salvarne una copia sul tuo disco rigido locale e visualizzarla localmente con il tuo browser. Quando si salva un file sul disco rigido, tenere a mente una cosa: è necessario poterlo ritrovare in modo semplice. Il nome dovrebbe avere un senso, potresti inserire il nome della pagina, in questo caso *lettera*. Detto questo, ti consigliamo di creare una cartella da qualche parte sul tuo disco rigido in particolare per le tue pagine Web. Chiamalo *Pagine Web* o *HTML* (o qualsiasi altro nome che abbia un senso per te), e assicurati di metterlo in un posto facile da trovare. Salviamo il file dall'editor in modo da denominarlo *lettera.html*.

Visualizzare sul browser

Dopo aver salvato una copia della tua pagina, sei pronto per visualizzarla in un browser Web. Se non hai aperto ancora il browser, puoi vedere la tua pagina in due modi: puoi copiare e incollare l'indirizzo del tuo file nella barra degli indirizzi del browser oppure, in modo più semplice, fare doppio click sul file salvato. I moderni sistemi operativi, infatti, riconoscono l'estensione del file e scelgono automaticamente il programma più adatto per la visualizzazione del file stesso.

Capitolo 4
Strutturare una pagina

I documenti HTML sono costituiti da testo, immagini, file multimediali, collegamenti e altri contenuti raggruppati in un'unica pagina utilizzando elementi e attributi di markup. Puoi usare blocchi di testo per creare intestazioni, paragrafi, elenchi e altro. Il primo passo nella creazione di un documento HTML solido consiste nel porre solide basi che stabiliscano la struttura del documento. È fondamentale impostare una struttura di base del documento HTML, così come definire le macro-aree che comporranno il tuo documento.

Sebbene non ci siano due pagine HTML uguali - ognuna utilizza una combinazione unica di contenuti ed elementi per definire la pagina - ogni pagina HTML deve avere la stessa struttura di documento di base che include:

- un'istruzione che identifica il documento come documento HTML
- un'intestazione del documento
- un corpo del documento

Ogni volta che crei un documento HTML puoi iniziare con questi tre elementi; quindi puoi inserire il resto dei tuoi contenuti e markup per creare una singola pagina. Nonostante la struttura di base di un documento sia un requisito per ogni documento HTML, crearlo ripetutamente può risultare un po' monotono. La maggior parte degli editor può creare automaticamente la struttura del documento quando si crea un nuovo documento HTML. Tieni conto anche di questo aspetto nella scelta del tuo editor di testo con cui creare il sito.

Etichettare come HTML

Ogni documento HTML deve iniziare con una dichiarazione **DOCTYPE** (abbreviazione di tipo di documento) che specifica quale versione di HTML è stata utilizzata per creare il documento. Per HTML4 esistono diverse dichiarazioni possibili ma useremo lo standard più recente ovvero HTML5. La dichiarazione non è un tag HTML e si tratta di una *informazione* che istruisce il browser su quale tipo di documento aspettarsi. Per la dichiarazione del tipo non è importante la distinzione tra lettere maiuscole e minuscole pertanto è possibile usare qualsiasi tra le seguenti dichiarazioni:

```
<!DOCTYPE html>
<!DocType html>
<!Doctype html>
<!doctype html>
```

La maggior parte dei browser possono visualizzare la tua pagina anche se non usi la dichiarazione, ma altri browser potrebbero riscontrare dei problemi, quindi è sempre meglio prevenire che curare.

L'importanza di <head>

Ogni pagina HTML ha bisogno di un titolo descrittivo che aiuti un visitatore a capire a colpo d'occhio perché la pagina esiste. Il titolo della pagina dovrebbe essere conciso, ma informativo. Il titolo del documento non viene effettivamente visualizzato all'interno della finestra del browser. La maggior parte dei browser visualizza il titolo della pagina come titolo della scheda o, se è presente solo una scheda aperta, come titolo della finestra del browser.

I motori di ricerca utilizzano i contenuti del tag <title> quando elencano le pagine Web in risposta ad una ricerca. Il titolo della tua pagina potrebbe essere la prima cosa che i tuoi visitatori leggeranno sulla tua pagina Web, soprattutto se giungeranno tramite i loro motori di ricerca preferiti. Molto probabilmente la tua pagina verrà elencata (in base al titolo) con molti altri siti Web in una pagina del motore di ricerca. Con un titolo accattivante e curato è possibile attirare l'attenzione del tuo pubblico e fargli scegliere la tua pagina rispetto alle altre. Infatti, dopo aver creato ed avviato il tuo sito, devi assicurarti che il resto del mondo lo visiti. A che serve un sito se nessuno lo visita? A questo ci pensano i motori di ricerca anche detti **crawler**, che semplicemente vagano sul Web raccogliendo informazioni sulle pagine. Ogni motore di ricerca funziona in modo diverso e raccoglie informazioni diverse su una determinata pagina Web, ma in generale analizza l'URL, il titolo della pagina (dall'elemento <title>) e spesso l'intero testo della pagina. Se si fornisce al motore di ricerca l'URL di livello superiore, il motore esegue la ricerca per indicizzazione da quell'URL a tutte le pagine del sito a cui si collega e ogni pagina a cui si collegano tali pagine, in questo modo continua fino a quando non avrà inserito in un database l'intero sito. Quando qualcuno cerca delle parole chiave sul Web, il motore di ricerca confronta la sua ricerca con le informazioni del database ed elenca più in alto i risultati più rilevanti. Questo significa che il modo migliore per aiutare le persone a trovarti è assicurarsi che la tua pagina contenga del testo di qualità (e non contenuto nelle immagini perché i motori di ricerca non possono leggerlo).

È fondamentale, quindi, che le informazioni sulla tua pagina siano chiare e il più conciso possibile. Fai un passo indietro e pensa a quali termini useresti per cercare la tua pagina, e assicurati che quelle parole siano presenti nella tua homepage. Ad esempio, se stai creando un sito per un hotel, assicurati che siano presenti delle parole chiave come hotel, vacanza e magari la località.

I metadati

Il termine metadati si riferisce ad informazioni sui dati e sono usati per includere:

- parole chiave
- una descrizione della tua pagina

- informazioni sull'autore della pagina
- il software che hai usato per creare la pagina

Usa l'elemento <meta> e gli attributi name e content per definire ogni parte di metadata per la tua pagina HTML. Ad esempio, i seguenti elementi creano un elenco di parole chiave e una descrizione per un sito di un'azienda specializzata in consulenza:

```
<!DOCTYPE html>
<html>
<head>
 <title>Azienda di consulenza</title>
 <meta name="keywords"
content="Consulenza Web, reti,
programmazione e software">
 <meta name="description"
content="Panoramica dei servizi offerti e
delle skills">
</head>
```

```
</html>
```

Anche se potresti non voler impiegare del tempo per includere i metadati nella tua pagina, assicurati di includere parole chiave e una descrizione della pagina. Questi due elementi di metadati sono i più usati dai motori di ricerca perché le parole chiave aiutano i motori a catalogare la tua pagina in modo più preciso; molti motori visualizzano la tua descrizione insieme al titolo della pagina, che offre ai potenziali visitatori più di informazioni sul tuo sito, incentivando l'utente a visitarlo.

È possibile utilizzare i metadati nell'intestazione per inviare messaggi ai browser Web su come devono visualizzare o gestire la pagina Web. Spesso l'elemento <meta> viene utilizzato in questo modo per reindirizzare automaticamente i visitatori da una pagina ad un'altra pagina. Potresti aver visto questo meccanismo con pagine che sono state *spostate* altrove. In alcune pagine ti viene indicato di attendere qualche secondo per essere indirizzato in modo automatico alla nuova posizione. Puoi utilizzare l'elemento <meta> per inviare messaggi al browser con l'attributo http-equiv al posto dell'attributo name. Esiste un elenco predefinito di valori che rappresenta le istruzioni per il browser e questi valori si basano su istruzioni che è anche possibile inviare a un browser nell'intestazione HTTP. Tuttavia, modificare l'intestazione HTTP per un documento è più difficile che incorporare le istruzioni nella stessa pagina Web. Per indicare a un browser di reindirizzare gli utenti da una pagina all'altra, utilizzare l'elemento <meta> con l'attributo http-equiv con il valore di aggiornamento (*refresh*) ed un valore per il contenuto che specifica quanti secondi prima dell'aggiornamento e quale URL si desidera raggiungere. Ad esempio, questo elemento <meta> crea un aggiornamento che passa a www.google.it dopo 5 secondi:

```
<meta http-equiv="refresh" content="5; url= http://www.google.it/">
```

È possibile utilizzare l'attributo http-equiv con l'elemento <meta> per una varietà di altri scopi, tra cui impostare una data di scadenza per una pagina, specificare il set di caratteri (ovvero la lingua) utilizzata dalla pagina e tanto altro. Per brevità non approfondiamo questo tema ma sappi puoi utilizzare un motore di ricerca per scoprire qualcosa in più.

Creare il "corpo"

Dopo aver impostato l'intestazione della pagina, dopo aver creato un titolo e definito alcuni metadati, sei pronto per creare l'HTML e il contenuto che verranno visualizzati in una finestra del browser. L'elemento <body> contiene tutto il contenuto e il markup che non sono stati definiti nell'intestazione. In generale, se qualcosa deve essere visibile nella finestra del tuo browser, inseriscilo nell'elemento <body>.

Ecco una definizione di un blocco di testo: si tratta di una parte di contenuto che può essere racchiuso in più righe in un elemento HTML. Abbiamo già detto che il contenuto visibile della tua pagina Web deve essere racchiuso all'interno dell'elemento <body> sulla tua pagina quindi, in sostanza, la tua pagina HTML è una gigantesca raccolta di blocchi di testo. Alcuni elementi HTML sono progettati per descrivere blocchi di testo mentre altri sono progettati per descrivere alcune parole o righe di contenuto trovate all'interno di quei blocchi (come gli elementi per la formattazione del testo). HTML riconosce diversi tipi di blocchi di testo che potresti voler usare nel tuo documento, inclusi (ma non limitati a):

- Paragrafi
- Intestazioni
- Blocchi per le citazioni
- Liste
- Tabelle
- Form o moduli

Questo elenco serve per darti un'idea su quali sono etichettati come blocchi di testo in HTML.

I paragrafi vengono utilizzati maggiormente nelle pagine Web rispetto a qualsiasi altro tipo di blocco di testo. Per etichettare un paragrafo, è sufficiente posizionare il contenuto in un elemento <p>. Ecco come appare l'esempio precedente in cui abbiamo usato diversi paragrafi:

Questa pagina HTML include tre paragrafi, ognuno contrassegnato da un elemento <p>. La maggior parte dei browser Web aggiunge un'interruzione di riga e una riga intera di spazio bianco dopo ogni paragrafo della pagina, come mostrato nell'immagine precedente.

Le intestazioni o titoli vengono comunemente utilizzate per suddividere un documento in sezioni. Questo e-book, ad esempio, utilizza titoli e sottotitoli per dividere ogni capitolo in sezioni e puoi fare lo stesso con la tua pagina Web. Oltre a creare una struttura organizzativa, i titoli forniscono ai lettori degli indizi visivi su come sono raggruppati i diversi contenuti. HTML include sei diversi elementi per aiutarti a definire sei diversi livelli di intestazione nei tuoi documenti.

Ogni browser ha un modo diverso per visualizzare questi diversi livelli di titolo ma la maggior parte dei browser utilizza una dimensione diversa tra loro. Si parte dalle intestazioni di primo livello <h1> che sono le più grandi fino a raggiungere le intestazioni di sesto livello <h6> che sono le più piccole, passando per <h2>, <h3>, <h4>, <h5>. Nell'esempio precedente abbiamo usato solo una intestazione che è proprio l'*incipit* della nostra lettera.

In genere, i browser racchiudono qualsiasi testo che appare in elementi di blocco come paragrafi e titoli; se il testo raggiunge la fine di una finestra del browser, non si ha molto controllo su dove terminerà una riga.

Se non ti preoccupi degli spazi nel tuo contenuto, puoi sempre trasformare un paragrafo in due - ma potresti non volere la linea aggiuntiva di spazio bianco che la maggior parte dei browser include dopo ogni paragrafo. Quindi cosa possiamo fare?

Il modo migliore per specificare che hai raggiunto la fine di una riga in un paragrafo, ma non sei pronto per creare un nuovo paragrafo, è utilizzare un'interruzione di linea, indicata dall'elemento <br>. Questo tag è l'equivalente HTML del ritorno "a capo" che usi nei paragrafi e in altri blocchi di testo quando scrivi un documento. Ogni volta che un browser vede <br>, interrompe il testo e passa alla riga successiva. Se hai in mente di creare un sito per poesie, userai spesso questo elemento. Facciamo qualche esempio:

La pioggia nel pineto

Taci. Su le soglie
del bosco non odo
parole che dici
umane; ma odo
parole più nuove
che parlano gocciole e foglie
lontane.
Ascolta. Piove
dalle nuvole sparse.

Il codice necessario per creare questa pagina con una parte della poesia originale è il seguente:

```
<!DOCTYPE html>
<html>
 <head>
```

```html
<title>La pioggia nel pineto</title>
</head>


<body>
<h1>La pioggia nel pineto</h1>
<p>Taci. Su le soglie<br>
   del bosco non odo<br>
   parole che dici<br>
   umane; ma odo<br>
   parole più nuove<br>
   che parlano gocciole e foglie<br>
   lontane.<br>
   Ascolta. Piove<br>
   dalle nuvole sparse.
</p>
</body>
</html>
```

Talvolta può risultare utile spezzare il discorso, fare una digressione, cambiare argomento pertanto è utile un elemento visivo per questo scopo.

L'elemento <hr> ti aiuta a includere delle linee rette nella tua pagina per usarle dove preferisci. Se vuoi dividere la tua pagina in sezioni logiche (o semplicemente separare le intestazioni e i piè di pagina dal resto della pagina), una linea orizzontale è una buona opzione.

Gli utenti non devono attendere il download di un questo elemento grafico perché non fa riferimento ad un'immagine. Quando includi un elemento <hr> nella tua pagina, come nel seguente HTML, il browser lo sostituisce con una riga.

La pioggia nel pineto

Taci. Su le soglie
del bosco non odo
parole che dici
umane; ma odo
parole più nuove
che parlano gocciole e foglie
lontane.
Ascolta. Piove
dalle nuvole sparse.

Il codice necessario per questa pagina è il seguente:

```
<!DOCTYPE html>
<html>
 <head>
 <title>La pioggia nel pineto</title>
 </head>

 <body>
 <h1>La pioggia nel pineto</h1>
 <hr>
 <p>Taci. Su le soglie<br>
   del bosco non odo<br>
```

parole che dici

umane; ma odo

parole più nuove

che parlano gocciole e foglie

lontane.

Ascolta. Piove

dalle nuvole sparse.

</p>

</body>

</html>

Un altro elemento importante per le nostre pagine sono le liste, ovvero, dei potenti strumenti per raggruppare elementi simili e offrire ai visitatori del sito un modo semplice per approfondire gruppi di informazioni. Puoi inserire qualsiasi cosa in un elenco: da una serie di istruzioni a una raccolta di collegamenti ipertestuali, anche una serie di immagini.

I tipi di liste più usati sono gli elenchi puntati e gli elenchi numerati e, a differenza degli altri elementi di markup che abbiamo incontrato, gli elenchi sono un po' più complessi in quanto usano una combinazione di elementi - almeno due componenti. Una componente serve al browser per definire l'inizio dell'elenco e il tipo di elenco desiderato, un'altra componente indica al browser l'inizio e la fine di ogni oggetto dell'elenco. Gli elenchi sono facili da creare dopo aver imparato ad usare le combinazioni di elementi di markup.

Iniziamo con gli elenchi numerati, essi sono composti da uno o più elementi, ciascuno preceduto da un numero. Di solito, quando gli elenchi sono numerati l'ordine degli articoli è importante. Bisogna usare l'elemento <ol> per specificare che stai creando un elenco numerato e un elemento <li> per contrassegnare ciascuna riga nell'elenco.

Questa porzione di codice definisce un elenco numerato di quattro elementi:

```html
<!DOCTYPE html>
<html>
 <head>
 <title>Lista ordinata</title>
 </head>
 <body>
 <h1>Cose da fare oggi</h1>
 <ol>
  <li>Preparare il bucato</li>
  <li>Dare il cibo al cane</li>
  <li>Fare la spesa</li>
  <li>Preparare il pranzo</li>
 </ol>
 </body>
</html>
```

Questo codice viene interpretato così dal browser:

Cose da fare oggi

1. Preparare il bucato
2. Dare il cibo al cane
3. Fare la spesa
4. Preparare il pranzo

È possibile utilizzare due diversi attributi con l'elemento <ol> per controllare la visualizzazione di un determinato elenco:

- *start*: specifica con quale numero deve iniziare l'elenco, il numero iniziale predefinito è 1, ma se si interrompe un elenco con un paragrafo o un altro elemento di blocco e si desidera recuperarlo in un secondo momento, è possibile specificare qualsiasi numero come numero iniziale per il nuovo elenco.

- *type*: specifica lo stile di numerazione dall'elenco e lo stile predefinito usa i numeri decimali. Puoi scegliere tra cinque stili di numerazione predefiniti:

- o 1: numeri decimali
- o a: lettere minuscole
- o A: lettere maiuscole
- o i: numeri romani minuscoli
- o I: numeri romani maiuscoli

Riprendendo l'esempio abbiamo visto che ha senso che queste operazioni siano in ordine perché, magari, prima di uscire di casa per fare la spesa (punto 3) si vuole preparare il bucato e dare il cibo al cane.

Se queste operazioni possono anche essere svolte in ordine diverso e l'essenziale è che vengano svolte, possiamo riadattare il nostro codice. Adesso rielaboriamo l'esempio precedente eliminando l'informazione dell'ordine degli elementi, la struttura resterà uguale ma dovremo solo cambiare un elemento ovvero passeremo da <ol> a <ul>. Il nome di tutti gli elementi deriva dall'inglese e, in genere, è l'abbreviazione di quello che si vuole creare. <ol> è l'abbreviazione di *Ordered List* ovvero lista ordinata, <ul> indica *Unordered List* ovvero lista non ordinata.

Riprendiamo l'esempio precedente eliminando l'ordine dagli elementi:

```html
<!DOCTYPE html>
<html>
 <head>
 <title>Lista ordinata</title>
 </head>
 <body>
 <h1>Cose da fare oggi</h1>
 <ul>
  <li>Preparare il bucato</li>
  <li>Dare il cibo al cane</li>
  <li>Fare la spesa</li>
  <li>Preparare il pranzo</li>
 </ul>
```

```
</body>
</html>
```

Come puoi notare la struttura è rimasta la stessa e, cambiando un solo tag, otterremo questa lista:

Cose da fare oggi

- Preparare il bucato
- Dare il cibo al cane
- Fare la spesa
- Preparare il pranzo

Le liste sono delle strutture molto flessibili e utili in diversi contesti ma hanno anche una funzione visiva importante. Gli elenchi HTML hanno la funzione di interrompere la visualizzazione "piatta" della tua pagina, aggiungendo una profondità orizzontale ad essa. Puoi fare un ulteriore passo in avanti con tali elenchi per raggruppare un gran numero di elementi correlati annidando degli elenchi, per creare delle sottocategorie per esempio. Gli elenchi annidati sono molto usati per le mappe di un sito, per creare menu all'interno di menu, per creare i sommari dei libri e tanto altro.

Capitolo 5

I link

Creare pagine interattive

I collegamenti ipertestuali anche detti **link** collegano le risorse sul Web. Quando includi un link nella tua pagina, offri agli utenti la possibilità di passare dalla tua pagina ad un'altra del Web, da qualche altra parte del tuo sito o persino da qualche altra parte nella stessa pagina. Senza collegamenti, la tua pagina è indipendente, scollegata dal resto del Web ma con i collegamenti, diventa parte di una raccolta potenzialmente illimitata di informazioni.

Per creare un collegamento ipertestuale, sono necessari tre elementi: l'indirizzo Web (chiamato Uniform Resource Locator o **URL**) a cui si desidera collegarsi; il testo nella tua pagina Web a cui agganciare il link e un tag di tipo <a>. Di solito, il testo a cui si aggancia un collegamento descrive la risorsa da collegare. Un elemento <a> serve proprio a collegare il tutto. L'elemento che usi per creare collegamenti è chiamato elemento di "ancoraggio" perché lo usi per ancorare un URL al testo sulla tua pagina. Quando un utente visualizza la tua pagina in un browser, può fare clic sul testo per attivare il collegamento e passare alla pagina di cui hai specificato l'URL nel collegamento.

Supponi di avere una pagina Web con delle ricette di cucina suddivise per portata, ingredienti o difficoltà. Potresti mostrare tutte le ricette in un'unica pagina ma essa diventerebbe molto grande comportando un caricamento lento e una difficile manutenzione della pagina stessa. Per ovviare a questo problema potresti creare un semplice elenco in base alla categoria scelta con tutti i collegamenti alle ricette che ritieni opportune per quella categoria.

Facciamo un esempio di questo tipo:

```
<!DOCTYPE html>
<html>
 <head>
 <title>Ricette buonissime</title>
 </head>
 <body>
 <h1>Ricette di cucina</h1>
 <ul>
  <li>
   <a href="antipasti.html">ANTIPASTI</a>
  </li>
  <li>
   <a href="primi.html">PRIMI PIATTI</a>
  </li>
  <li>
```

```html
    <a href="secondi.html">SECONDI
PIATTI</a>
  </li>
  <li>
   <a href="contorni.html">CONTORNI</a>
  </li>
  <li>
   <a href="dolci.html">DOLCI</a>
  </li>
  <li>
   <a href="unici.html">PIATTI UNICI</a>
  </li>
  </ul>
 </body>
</html>
```

Il risultato sarà un elenco di collegamenti come questo:

Ricette di cucina

Nel codice di questo esempio abbiamo usato più elementi <a> con l'attributo href che, consente di effettuare il collegamento con la pagina a cui vogliamo puntare. Con questo tipo di elemento puoi creare un link con una grande varietà di risorse online. Puoi creare collegamenti ad altre pagine HTML (sul tuo sito Web o su un altro sito Web), creare collegamenti a posizioni diverse nella stessa pagina HTML o a risorse che non sono nemmeno pagine HTML (come indirizzi e-mail, immagini e file di testo).

Il tipo di collegamento che si crea dipende dal link: un collegamento assoluto utilizza un **URL**

assoluto per connettere i browser a una pagina Web o risorsa online esterna. I collegamenti che utilizzano un URL assoluto per puntare a una risorsa sono etichettati come assoluti perché forniscono un puntamento completo ed autonomo ad un'altra risorsa Web. Quando si collega a una pagina su un sito Web esterno, il browser Web necessita di tutte le informazioni nell'URL per consentirgli di trovare la pagina. Il browser inizia dal dominio nell'URL e si fa strada attraverso il percorso per raggiungere un file specifico. Quando si collega a file sul sito di qualcun altro, è sempre necessario utilizzare URL assoluti nell'attributo href dell'elemento <a>. Un collegamento relativo utilizza un **URL relativo** alla risorsa a cui si sta puntando. Si creano collegamenti relativi tra risorse nello stesso dominio proprio per questo, è possibile omettere le informazioni sul dominio dall'URL. Un URL relativo utilizza la posizione della risorsa da cui si sta collegando per identificare la posizione della risorsa a cui ci si sta collegando.

Per la nostra pagina del sito di ricette abbiamo utilizzato tutti URL relativi perché ci saranno altre sezioni del sito Web a cui facciamo riferimento.

```
<a href="primi.html">PRIMI PIATTI</a>
```

Quando un browser rileva questo tipo di collegamenti e rileva che il collegamento non include un nome di dominio, il browser presuppone che il collegamento sia relativo ed utilizza il dominio ed il percorso della pagina di collegamento http://www.iltuosito.it come guida per trovare la pagina collegata primi.html.

Man mano che il tuo sito diventa più complesso e organizzi i tuoi file in una varietà di cartelle, puoi comunque utilizzare i collegamenti relativi. Tuttavia, devi fornire alcune informazioni aggiuntive nell'URL per aiutare il browser a trovare i file che non sono memorizzati nella stessa directory del file da cui stai effettuando il collegamento. Devi utilizzare il prefisso *"../"* (due punti e una barra) prima del nome del file per indicare che il browser dovrebbe salire di un livello nella struttura della directory. In questo modo indichi al browser di spostarsi alla cartella superiore dalla cartella in cui è archiviato il documento con il link, deve accedere alla cartella chiamata *categorie* e quindi trovare un file chiamato *primi.html*.

Il markup per questo processo è simile al seguente:

```
<a      href="../categorie/primi.html">PRIMI
PIATTI</a>
```

Quando crei un collegamento relativo, la posizione del file a cui vuoi puntare è sempre relativa al file da cui stai puntando. Tuttavia, alcuni editor avanzati dispongono della funzionalità di auto-completamento in modo da suggerirti in base a quello che scrivi quello che potresti cercare. Con questa funzionalità non devi preoccuparti di chiudere tag o virgolette, di cercare la pagina con il percorso corretto, perché l'editor se ne occuperà per te.

Ogni sito, pagina, immagine o altra risorsa sul Web ha un proprio URL univoco e, purtroppo, basta una lettera errata nel tuo URL per creare un link non funzionante. I collegamenti errati portano a una pagina di errore quindi per creare gli URL bisogna prestare molta attenzione se non vuoi rischiare di avere URL non funzionanti anche detti **broken link**. Se hai un URL che non funziona, prova queste tattiche per risolvere il problema:

- Controlla maiuscole/minuscole
- Controlla l'estensione
- Controlla il nome del file
- Copia e incolla l'URL funzionante

Alcuni server Web, in particolare Linux e Unix, fanno distinzione tra maiuscole e minuscole. Pertanto, i server trattano i file *Pagina.html* e *pagina.html* come due file diversi sul server Web. Ciò significa anche che i browser devono utilizzare lettere maiuscole e minuscole quando necessario. Assicurati di rispettare le lettere maiuscole e minuscole nell'URL che stai utilizzando e che funzioni in un browser Web.

Presta attenzione all'estensione del file, se punti ad un'immagine *JPEG*, ad esempio, devi assicurarti che l'estensione sia corretta poiché è possibile avere *.jpg* o *.jpeg*.

Ad ogni modo, per evitare tutti questi problemi, soprattutto con URL assoluti puoi semplicemente copiare e incollare l'URL all'interno dell'attributo href.

Qualcosa in più

Puoi andare oltre un semplice link quando ti colleghi ad altre pagine Web: puoi creare collegamenti che indirizzino i browser ad aprire documenti in nuove finestre, collegamenti a posizioni specifiche all'interno di una pagina Web e collegamenti ad elementi diversi dalle pagine HTML, come PDF, file compressi, documenti di elaborazione testi e tanto altro.

Il Web funziona perché è possibile collegare pagine del proprio sito Web a pagine di siti Web di altre persone con la semplice aggiunta di un elemento <a>. Tuttavia, quando ti colleghi al sito di qualcun altro, stai inviando gli utenti fuori dal tuo sito e non hai alcuna garanzia che possano tornare indietro, perdendo visitatori. Un approccio sempre più comune per collegare gli utenti ad altri siti senza "perderli" consiste nell'utilizzare HTML che indica al browser di aprire la pagina collegata in una nuova finestra. Questo è possibile tramite l'aggiunta dell'attributo target all'elemento <a>, così il browser non aprirà il link nella finestra corrente ma in una nuova.

```html
<a href="www.piatti.it"
target="_blank">Scopri la nuova
collezione di piatti</a>
```

Questa tecnica è davvero ottima infatti puoi collegarti a una risorsa che non è nel tuo sito senza realmente mandare i tuoi utenti fuori dal sito. Tuttavia, quando una nuova finestra viene visualizzata sullo schermo di un utente, può provocare fastidio quindi usa questa tecnica con cura e parsimonia, altrimenti i tuoi utenti non visiteranno più il tuo sito. Un esempio di questo tipo avviene con le pubblicità, infatti, sempre più siti la incorporano e qualcuno esagera, mostrando più pubblicità che si aprono in nuove finestre. Questo approccio risulta controproducente perché distoglie l'attenzione del visitatore dai contenuti che cerca e quindi, probabilmente, non visiterà più il sito.

Per creare dei link efficaci è possibile rimandare direttamente ad una sezione del sito, probabilmente hai già incontrato questo tipo di link quando hai raggiunto la fine di una pagina e hai trovato un pulsante con scritto "Torna all'inizio". Questo non è l'unico caso in cui ti può tornare utile un collegamento all'interno della stessa pagina. Immagina una pagina Wikipedia riguardo un attore, di solito è presente una biografia, qualcosa sulla sua vita privata, filmografia, premi e nomination. Immaginiamo di leggere l'introduzione e di voler saltare direttamente alla biografia, ti basterà un click per farlo. Creiamo una nostra pagina in stile Wikipedia:

Tom Cruise

- Biografia
- Vita privata
- Filmografia
- Premi e nomination

Biografia

Nacque il 3 luglio 1962 a Syracuse, New York, figlio di Mary Lee Pfeiffer, un'insegnante di educazione fisica, e di Thomas Cruise Mapother III, un ingegnere elettronico morto di cancro nel 1984; i suoi genitori divorziarono quando lui aveva 11 anni.

Vita privata

Per verificare il funzionamento dei link creati ti consiglio ti ridurre le dimensioni della finestra del browser in modo che si abiliti lo scorrimento. In questo modo cliccando su un link il browser si posizionerà esattamente sulla porzione che ti interessa.

Ecco il codice della pagina:

```html
<!DOCTYPE html>
<html>
 <head>
 <title>Tom Cruise</title>
 </head>
 <body>
  <h1>Tom Cruise</h1>
  <ul>
   <li>
    <a href="#biografia">Biografia</a>
   </li>
   <li>
    <a href="#vita_privata">Vita privata</a>
   </li>
   <li>
    <a href="#filmografia">Filmografia</a>
   </li>
   <li>
    <a href="#premi">Premi e nomination</a>
   </li>
```

```html
</ul>
<div id="biografia">
  <h2>Biografia</h2>
  <p>Nacque il 3 luglio 1962 a Syracuse,
New York, figlio di Mary Lee Pfeiffer,
un'insegnante di educazione fisica, e di
Thomas Cruise Mapother III, un ingegnere
elettronico morto di cancro nel 1984; i
suoi genitori divorziarono quando lui
aveva 11 anni.</p>
</div>
<div id="vita_privata">
  <h2>Vita privata</h2>
  <p>Il 9 maggio 1987 si sposò una prima
volta con l'attrice Mimi Rogers. Seguace
della religione di Scientology, è molto
probabile che fu proprio Rogers a
convincere il consorte ad aderire a questo
credo, scelta questa che Cruise confermò
anche dopo il divorzio, avvenuto il 4
febbraio del 1990.</p>
```

</div>
<div id="filmografia">
  <h2>**Filmografia**</h2>
  <ul>
    <li>**Top Gun: Maverick, regia di Joseph Kosinski (2020)**</li>
    <li>**Mission: Impossible - Fallout, regia di Christopher McQuarrie (2018)**</li>
  </ul>
</div>
<div id="premi">
  <h2>**Premi e nomination**</h2>
  <ul>
    <li>**2000 - Miglior attore non protagonista per Magnolia**</li>
    <li>**1997 - Miglior attore in un film commedia o musicale per Jerry Maguire**</li>
  </ul>
</div>
</body>

</html>

Come puoi notare sono tutti elementi che conosciamo già, l'unica novità consiste nell'attributo id che ci consente di agganciare un link all'interno della stessa pagina. Il funzionamento è lo stesso anche se vuoi creare un link ad una sezione di un altro sito, basterà trovare un id ed il gioco è fatto. Modifichiamo la nostra pagina per puntare alla biografia di Wikipedia per esempio:

```
<a
href="https://it.wikipedia.org/wiki/Tom_Cruise#Biografia">Biografia</a>
```

Poiché devi definire un punto a cui "ancorarti" prima di poterti collegare ad esso, scoprirai che i link di questo tipo funzionano al meglio sul tuo sito dove tu stesso crei e controlli il markup. Tuttavia, se ti capita di sapere che una pagina sul sito di qualcun altro ha già dei punti contrassegnati, puoi usare un URL assoluto per puntare a quel punto come abbiamo fatto per la biografia di Wikipedia.

Attenzione, usa con cautela questa tecnica! Quando si creano dei link a sezioni sul sito Web di qualcun altro, non hai il controllo del loro sito. Non sai se e quando qualcuno rielaborerà il markup e il contenuto di una pagina quindi i collegamenti si interromperanno se il progettista del sito rimuovesse l'id che hai usato. Assicurati di controllare regolarmente tutti i tuoi link per rilevare ed eventualmente correggere i collegamenti interrotti.

Un altro utilizzo importante per l'elemento <a> riguarda il link a un indirizzo e-mail, così come si può creare un link ad un'immagine, un pdf ecc. È fondamentale usare il prefisso mailto:, per assicurarsi che il browser possa interpretarlo nel modo corretto:

```
<p>Inviaci un <a
href="mailto:pippo@gmail.com">feedback
</a>!</p>
```

Questo modo è davvero utile perché permette di aprire l'applicazione di default del dispositivo o, se non impostata, consente di far scegliere all'utente con quale applicazione scrivere l'e-mail. Serve per aiutare gli utenti ad inviarti e-mail per una richiesta o un problema, soprattutto in ambito mobile è davvero utile per raccogliere feedback o segnalazioni.

Anche se questo modo sembra fantastico, purtroppo non è tutto oro quel che luccica infatti i collegamenti mailto contenuti in una pagina Web sono una delle principali fonti di indirizzi e-mail per i sistemi di spam. Se scegli di utilizzare un collegamento e-mail per consentire agli utenti di contattarti, prendi in considerazione la creazione di un indirizzo e-mail dedicato soltanto ai feedback o alle richieste del sito. Puoi separare i messaggi che ricevi a questo indirizzo dalla tua posta personale o di altro tipo, in modo da poter filtrare più facilmente la posta indesiderata.

Bisogna prestare attenzione al design del sito anche detto **UI** (User Interface) in modo da offrire agli utenti tutti gli strumenti di cui hanno bisogno per spostarsi sul tuo sito con il minimo sforzo. Per navigare molto probabilmente userai degli elementi <a>. Se il tuo sito è difficile da navigare, pieno di testo che lampeggia e con colori stravaganti, probabilmente i tuoi visitatori non vi accederanno più di una volta. Al contrario, se la navigazione del tuo sito è intuitiva, usi immagini e contenuti multimediali per accentuare il tuo design senza essere eccessivo, fai tutto il possibile per aiutare il visitatore ad individuare le informazioni che sta cercando, allora avrai creato un'interfaccia utente solida e hai più chance di ottenere visitatori "abituali".

Le immagini

Sebbene tempo fa il Web fosse un luogo pieno di testo in cui le immagini ricoprivano solo un ruolo di supporto, oggi le cose sono molto diverse. I progettisti di pagine Web usano il testo e le immagini allo stesso modo per fornire informazioni importanti, guidare l'utente nel sito e, naturalmente, contribuiscono al design generale di una pagina. Le immagini sono un'arma potente nel tuo arsenale di progettazione Web, ma devi usarle con cura e in modo corretto o rischi di ridurne l'efficacia. Se usate bene, infatti, le immagini sono un elemento chiave del design della vostra pagina. Se usate male, possono rendere la tua pagina illeggibile, inaccessibile o troppo pesante.

Una domanda ricorrente per le immagini riguarda il formato corretto da scegliere.

Approfondiamo questo aspetto per capirne qualcosa in più.

Il formato giusto

Esistono molti modi diversi per creare e salvare le immagini, ma se sono dedicate al Web sono necessari alcuni passaggi intermedi. Quando lavori per creare immagini compatibili con il Web, devi tenere conto di due fattori: il **formato** del file e la **dimensione** del file. Innanzitutto, è necessario creare immagini che chiunque possa visualizzare, con qualsiasi browser e (quasi) con qualsiasi versione del browser. Ciò significa che è necessario utilizzare formati di file che possano essere visualizzati sia da utenti Windows, Mac OS, Linux così come da smartphone e tablet. Questo non è un aspetto banale perché esistono sempre nuovi formati con compressioni migliori ma non compatibili con tutti i dispositivi ad esempio il formato *webP* che è compatibile solo con Google Chrome.

Escludendo i formati non compatibili riusciamo a trovarne solo 4 appropriati al nostro scopo:

- JPEG
- PNG
- GIF
- SVG

JPEG è un formato di file che supporta colori a 24 bit (milioni di colori) e di conseguenza immagini più complesse, come le fotografie. JPEG è sia multipiattaforma che indipendente dall'applicazione, così come GIF. Offre un tipo di compressione per rendere le immagini più piccole e un buon strumento di modifica delle immagini che può aiutarti a modificare il livello di compressione che usi in modo da poter trovare il bilanciamento ottimale tra qualità dell'immagine e dimensione dell'immagine stessa. Un'immagine troppo piccola sarebbe perfetta per la velocità della nostra pagina ma non sarebbe gradevole ai nostri utenti perché sgranata.

PNG ti permette di avere immagini con milioni di colori - proprio come JPEG - ma offre anche la possibilità di preservare la trasparenza. Poiché PNG è un tipo di file in formato **lossless** (senza perdita di qualità), è probabile che si ottengano file di dimensioni maggiori, ma se la qualità dell'immagine è più importante della dimensione del file, PNG è l'opzione migliore. Esistono comunque dei software o siti Web come TinyPNG.com che possono spesso fare una grande differenza per le dimensioni del file.

Il formato GIF è un tipo di formato che, a differenza di JPEG o PNG, è limitato ad una tavolozza massima di 256 colori. In sostanza ogni immagine GIF contiene una "scatola di colori" preimpostata e non c'è modo di mescolare veramente quei colori per crearne di nuovi. Nonostante 256 colori potrebbero sembrare molti con cui lavorare, le fotografie complesse hanno in genere molte migliaia di colori. Immagina di dover dipingere un tramonto con pochi colori e senza creare sfumature, il risultato potrebbe non essere molto gradevole. Questa gamma di colori viene persa durante il processo di conversione GIF e questo è il motivo principale per cui non bisogna utilizzare GIF per le foto a colori. Quel limite di 256 colori, però, può aiutare a mantenere ridotte le dimensioni dei file, che è utile anche per le connessioni ad Internet più lente. GIF è molto usato le animazioni semplici, piccole icone e immagini con pochi colori come loghi e bandiere.

SVG è un formato **vettoriale** che sta diventando un'opzione attraente per i progettisti di Web e UI. SVG è completamente diverso dagli altri formati di immagine che abbiamo elencato infatti è adatto alla visualizzazione di loghi, icone, mappe, bandiere, grafici e altri elementi grafici creati in applicazioni di grafica vettoriale come Illustrator, Sketch e Inkscape. Si tratta di un file scritto in un markup basato su XML, infatti, può essere modificato in qualsiasi editor di testo e modificato da JavaScript o CSS. Poiché i vettori possono essere ridimensionati in qualsiasi dimensione mantenendo la qualità dell'immagine nitida, sono ideali per un design reattivo e che si adatti facilmente ad ogni dimensione dello schermo senza perdere qualità.

Immagini in pagina

Dopo aver creato un'immagine, averla ottimizzata con il formato appropriato, è necessario utilizzare il markup corretto per assicurarsi che l'immagine venga aggiunta alla pagina. L'elemento <img> è un **elemento vuoto**, a volte chiamato **tag singleton**, che posizioni nella pagina proprio dove desideri che l'immagine venga posizionata. Un elemento vuoto ha solo un tag di apertura e nessun tag di chiusura.

```
<img src="paesaggio.jpg">
```

L'attributo src è molto simile all'attributo href che usi con un elemento <a>. L'attributo src specifica l'URL per l'immagine che si desidera visualizzare sulla pagina. L'esempio precedente punta a un file di immagine che si trova nella stessa cartella del file HTML a cui fa riferimento, quindi l'URL è relativo. Scoprirai che la maggior parte dei tuoi collegamenti alle immagini sono relativi solo perché di solito i file di immagini sono memorizzati sul tuo sito. Ricorda di creare collegamenti relativi tra risorse (come una pagina Web e le immagini) se si trovano sullo stesso sito Web.

Esistono tre validi motivi per collegare le immagini al tuo sito:

- Quando le immagini vengono archiviate sul tuo sito, hai il controllo completo su di esse. Sai che non spariranno, non cambieranno e puoi lavorare per ottimizzarle;
- Se ti colleghi ad immagini sul sito di qualcun altro, quel sito potrebbe avere un problema o essere incredibilmente lento e tu non avresti alcun controllo;

- Se ti colleghi ad immagini sul sito di qualcun altro, si potrebbero violare i diritti relativi al copyright e questo è illegale.

A questo punto introduciamo un attributo fondamentale non solo per noi ma anche per gli ipovedenti che comunque possono consultare i siti Web. Sebbene la maggior parte dei tuoi utenti vedrà le tue immagini, dovresti sempre essere preparato per coloro che non lo faranno. HTML richiede che tu fornisca un testo alternativo che descriva ogni immagine della tua pagina. Utilizza l'attributo alt con l'elemento <img> per aggiungere queste informazioni al markup.

```
<img src="paesaggio.jpg" alt="panorama
delle colline toscane">
```

In genere ogni sito Web viene analizzato da un **crawler** ovvero un software che esamina il testo, la struttura e molto altro per conto dei motori di ricerca. Questo è fondamentale per l'ottimizzazione dei contenuti anche detto **SEO**, infatti, i motori di ricerca promuovono i siti strutturati meglio posizionandoli nelle prime posizioni. Purtroppo, i crawler non possono "vedere" le immagini poiché si tratta di software e, per svolgere al meglio il proprio lavoro, si affidano anche all'attributo alt.

Sino ad ora abbiamo visto come si include un'immagine, ma cosa sappiamo riguardo le dimensioni?

Puoi utilizzare gli attributi width e height con l'elemento <img> per far sapere al browser quanto deve essere larga e alta un'immagine. Il valore è espresso in **pixel** ovvero la più piccola unità della superficie di un'immagine digitale. Un insieme di pixel, accostati tra loro, formano una griglia di pixel ovvero un'immagine.

```
<img src="paesaggio.jpg" alt="panorama
delle colline toscane" width="640"
height="480">
```

In questo caso abbiamo deciso di mostrare un'immagine 640x480 pixels a prescindere da quali siano effettivamente le dimensioni dell'immagine. I browser, in genere, visualizzano prima il testo ed inseriscono le immagini non appena disponibili. Con questi attributi istruisci il browser su quanto deve essere grande l'immagine in modo che possa riservare posto sufficiente sul display. Questa tecnica rende il passaggio molto più agevole per l'utente in quanto il contenuto testuale è già fissato e non si sposta quando viene inserita l'immagine.

Qualsiasi programma di modifica delle immagini, persino i visualizzatori di immagini integrati nei sistemi operativi visualizzano le informazioni sulla larghezza e altezza di un'immagine in pixel. Puoi visualizzare le proprietà dell'immagine in tutti i sistemi operativi accedendo alle proprietà del file tramite click sul tasto destro.

La bellezza di HTML consiste nel combinare elementi in modo semplice infatti è possibile creare delle immagini che "nascondono" dei link in modo molto semplice. A questo proposito riprendiamo il nostro sito di ricette di cucina che avevamo creato con un elenco di link. Adesso diventerà un insieme di immagini con un link al loro interno, ti accorgi che c'è un link nascosto su un elemento perché cambia la forma del puntatore.

Al tag <a> aggiungiamo un semplice tag <img> che contiene il riferimento all'immagine e poco altro:

```
<!DOCTYPE html>
```

```html
<html>
<head>
<title>Ricette buonissime</title>
</head>
<body>
<h1>Ricette di cucina</h1>
<ul>
<li>
<a href="antipasti.html">
<img src="antipasti.jpg" alt="antipasto all'italiana" height="72" width="108">
</a>
</li>
<li>
<a href="primi.html">
<img src="primi.jpg" alt="piatto di pasta" height="72" width="108">
</a>
</li>
<li>
<a href="secondi.html">
```

```html
    <img src="secondi.jpg" alt="bistecca di carne" height="72" width="108">
  </a>
 </li>
 <li>
  <a href="contorni.html">
   <img src="contorni.jpg" alt="contorno di patate" height="72" width="108">
  </a>
 </li>
 <li>
  <a href="dolci.html">
   <img src="dolce.jpg" alt="torta al cioccolato" height="72" width="108">
  </a>
 </li>
 <li>
  <a href="unici.html">
   <img src="piatto_unico.jpg" alt="piatto unico con pasta e pesce" height="72" width="108">
```

```html
</a>
</li>
</ul>
</body>
</html>
```

Adesso che abbiamo modificato la nostra pagina, possiamo vederla nel browser:

Ricette di cucina

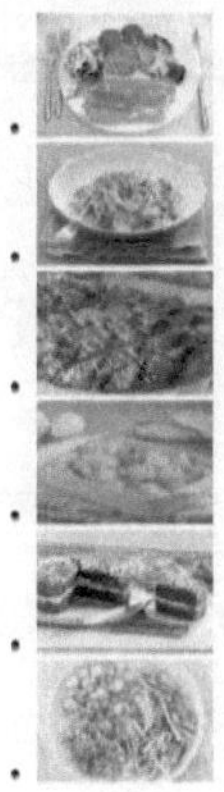

Precedentemente abbiamo posto l'attenzione sulla trasparenza infatti le immagini trasparenti sono elementi grafici salvati nel formato file GIF o PNG (ma non JPEG) in cui un colore nell'immagine è trasparente. L'immagine con trasparenza mostrerà il colore dello sfondo su cui viene posizionata. La trasparenza aiuta le immagini ad integrarsi in una pagina, ma la creazione di immagini trasparenti ha comunque i suoi svantaggi: sebbene sia possibile impostare diversi colori in un'immagine PNG in modo che siano trasparenti, è possibile selezionare un solo colore in una GIF. Quasi tutti i software di modifica delle immagini, da quelli gratuiti a quelli commerciali, hanno delle funzionalità per la creazione di immagini trasparenti. Cerca nella guida o nella documentazione del tuo strumento preferito per scoprire come utilizzare la funzione di trasparenza. Inoltre, poiché le immagini trasparenti sono solo normali file di immagini, si utilizza l'elemento

<img> per fare riferimento anche ad esse nelle pagine HTML.

La trasparenza funziona in modo ottimale quando non ci sono molti colori, quindi c'è meno ombreggiatura con cui lavorare. Se hai immagini complesse che desideri fondere con lo sfondo della tua pagina, considera l'uso dello stesso sfondo tra immagini e sito Web.

Quali immagini usare?

Naturalmente, se si desidera utilizzare le immagini nelle pagine Web, è necessaria una fonte per tutte quelle immagini. Anche se non sei un artista o fotografo di professione, ciò non significa che non puoi acquisire immagini di qualità senza spendere molto per farlo. Sono disponibili diverse opzioni per immagini a prezzi ragionevoli, alcune anche gratuite:

- https://pixabay.com/
- https://unsplash.com/
- https://www.pexels.com/
- https://it.freeimages.com/

Questo dipende molto dalla qualità e dallo scopo che vuoi raggiungere, ovviamente potrebbe crearsi un sito non coerente, soprattutto se usi delle icone con stile diverso. Ecco perché potresti considerare di commissionare lo stile ad un grafico per creare un sito coerente in ogni parte e assicurati sempre di ottenere copie in formato digitale, preferibilmente in diversi formati e dimensioni. Assicurati di avere tutti i diritti sulle immagini in modo da non incorrere in problemi legali.

Conclusione

Abbiamo assistito e stiamo assistendo all'evoluzione continua del Web e HTML ha svolto un ruolo fondamentale costituendo la base di ogni sito Web. Avvolto dalla sua semplicità, dalla semplice idea di costruire una pagina interattiva integrando degli elementi al contenuto della pagina stessa. Per un sito Web di successo la tecnologia, però, non basta. È fondamentale concentrarsi su contenuti di qualità, usare immagini valide, che forniscano informazioni e non solo per riempire lo schermo.

Per guadagnare la fiducia dei tuoi utenti e conservarla, il contenuto della pagina è fondamentale. Se non hai contenuti forti, solidi e informativi, gli utenti avranno l'impressione che tutto il sito è spoglio e presto ne cercheranno un altro alla ricerca di contenuti più interessanti e, magari, strutturati meglio.

Evita gli orpelli e contenuti scadenti, la guida per lo sviluppo deve essere "I tag sono importanti, ma ciò che è tra i tag è ciò che conta davvero".

Fornire agli utenti una roadmap chiara e guidarli attraverso i tuoi contenuti è importante sia per una singola homepage che per un'enciclopedia online. Quando i documenti più lunghi o più complessi diventano un sito Web completo, una roadmap diventa ancora più importante. Questa mappa prende idealmente la forma di un diagramma di flusso che mostra l'organizzazione della pagina ed i suoi collegamenti. Ti consiglio di non iniziare a scrivere contenuti o posizionare tag fino a quando non capisci cosa vuoi dire e come vuoi organizzare il tuo materiale. Inizia a costruire il tuo documento HTML o la raccolta di documenti con carta e matita, disegna le relazioni all'interno del contenuto e tra le tue pagine e, ricorda, che i buoni contenuti provengono da una buona organizzazione.

MySQL

Premessa

Attualmente sviluppare un'applicazione richiede diverse competenze, che si tratti di un'app per smartphone, un'applicazione Web o semplicemente un sito Web è necessario conoscere qualche linguaggio di programmazione così come diverse nozioni sulle reti e sulla comunicazione Web.

Questi framework e linguaggi si evolvono rapidamente e spesso i programmatori non riescono a stare al passo degli aggiornamenti proposti ma in tutto ciò esiste una certezza. Sicuramente avrai bisogno di memorizzare i tuoi dati in un database quindi è fondamentale fare la scelta giusta in base al progetto che stai sviluppando. Una buona architettura insieme ad idee chiare ti aiuteranno sicuramente a raggiungere un ottimo risultato.

MySQL può sicuramente esserti d'aiuto perché con la sua semplicità e con le sue performance puoi creare delle applicazioni o siti Web con tempi di risposta davvero bassi soprattutto se sei in grado di sfruttare al meglio tutte le possibilità offerte da questo database. Nel corso di questo ebook affronteremo diversi aspetti: dai punti di forza di MySQL alla sua struttura, dalle tabelle alle relazioni tra tabelle.

Capitolo 1
Cos'è un DB

Un database (anche detto DB) consente la memorizzazione di dati in maniera persistente infatti ogni giorno una grande quantità di dati vengono salvate nei database. Pensa ai database dei grandi e-commerce come Amazon, pensa a quanto sono grandi ed efficienti i database di Facebook per poter memorizzare i post, le foto ed i video di ognuno di noi.

Inizialmente bisogna fare una distinzione tra database e DBMS infatti dobbiamo capire bene di cosa stiamo parlando. Un DBMS è un programma (software) che gestisce uno o più database pertanto ha il compito di gestire gli utenti ed i loro permessi, gestisce la sicurezza e l'ottimizzazione dei database contenuti ecc.

Un database, invece, si occupa di memorizzare i dati in modo tale che sia semplice recuperarli, rispettando tutti i vincoli imposti. Di quali vincoli stiamo parlando? Per vincoli si intendono delle regole da rispettare, ad esempio, assicurarsi che la quantità di un articolo memorizzato sia un valore numerico o che l'identificativo di un articolo sia di una determinata lunghezza ed univoco.

Ad oggi esistono diversi tipi di DBMS ma sostanzialmente possono essere rinchiusi in due categorie: **NoSQL** e **RDBMS**. I database NoSQL sono nati di recente e sono molto utilizzati quando si hanno moltissimi dati, pensa ad esempio, agli utenti di Facebook o agli ordini di Amazon. Questo tipo di database è particolarmente incentrato sulla scalabilità infatti sono in grado di adattarsi facilmente all'aumentare della potenza di calcolo. Immagina cosa succede su Amazon durante il Black Friday, si contano molti più accessi, molti più ordini e molti più utenti in poco tempo. I database NoSQL riescono ad adattarsi facilmente garantendo elevate prestazioni e grande flessibilità perché non sono strettamente legati alle **relazioni** tra i dati.

I database di tipo RDBMS sono basati proprio su relazioni (è la R dell'acronimo) tra i dati infatti ogni dato memorizzato segue una struttura rigida. La struttura consente di impostare delle regole e dei vincoli, ad esempio, possiamo garantire ad ogni inserimento che il campo data_di_nascita sia effettivamente una data e non una stringa. In questo modo sarà più facile, successivamente, eseguire un ordinamento o filtrare i risultati. Le relazioni si basano su righe e colonne quindi i dati sono organizzati in tabelle con degli indici ed eventualmente chiavi primarie per definire dei valori univoci nella tabella.

Un'altra importante differenza tra questi tipi di database, tuttavia, consiste nel garantire le **proprietà ACID**. I database NoSQL non le garantiscono pertanto presta molta attenzione nel caso in cui tu sia interessato ad usarli e valuta bene per tutti i tuoi casi d'uso.

Le proprietà ACID si riferiscono a:

- Atomicità ovvero garantire che una transazione venga eseguita certamente o non eseguita affatto
- Coerenza cioè i dati saranno sicuramente coerenti tra loro e quindi conformi allo schema del database
- Isolamento indica che ogni transazione è separata dalle altre
- Durabilità consente di ripristinare i dati all'ultimo stato conosciuto

È probabile, quindi, che se stai pensando di usare un database NoSQL per un software di fatturazione probabilmente non stai facendo la scelta giusta. Un database NoSQL può esserti d'aiuto nel caso in cui tu voglia creare dei grafici, creare delle applicazioni real-time ad esempio legate alla borsa ecc.

Se i database NoSQL sono nati verso gli anni 2000, i database relazionali sono molto più datati, infatti, a partire dal 1970 sono stati ampiamente utilizzati continuando ad evolversi per garantire migliori prestazioni e sempre più funzionalità. Questa evoluzione, oggi, si esprime in un prodotto molto facile da usare tanto che potresti associarlo ad un comune foglio Excel. Creare una tabella, popolarla ed esportarla risulta davvero semplice così come lo è collegare un database ad un'applicazione sviluppata in Java, PHP, Perl o altri linguaggi.

Una tabella crea delle relazioni al suo interno, ad esempio, potremmo creare una tabella con tutti gli smartphone Samsung usando come colonne: nome commerciale, nome del modello, anno di produzione, processore ecc. Immaginiamo, però, che due o più smartphone montino lo stesso processore, questo sarebbe un **dato rindondante** cioè ripetuto su due o più righe. A questo scopo si possono creare delle relazioni tra tabelle in modo da evitare questa ridondanza e mantenere le tabelle più compatte e con dati altamente coesi tra loro. Esistono vari tipi di relazioni possibili che approfondiremo nei prossimi capitoli.

Probabilmente hai già sentito parlare di SQL tanto che è spesso presente in molti nomi di database (MySQL, PostgreSQL, Sqlite ecc). SQL è l'acronimo di *Structured Query Language* ed indica il linguaggio che i database relazionali possono capire ed interpretare per creare database, memorizzare i dati, recuperare i dati, modificarli e tanto altro. Bisogna ricordare che SQL consente anche di gestire ed amministrare i database, consentendo l'accesso a diversi utenti.

Le classiche operazioni che vengono effettuate su un database sono creazione, lettura, modifica e cancellazione di dati. Queste operazioni sono dette **operazioni CRUD** che è l'acronimo di *Create, Read, Update e Delete*.

Capitolo 2
Punti di forza

Proseguendo sulla nostra analisi dei database relazionali ed essendo certi che si adattano meglio al nostro scopo, cerchiamo di capire perché usare MySQL piuttosto che un altro database relazionale. Innanzitutto, MySQL è nato nel lontano 1996 quindi stiamo parlando di un prodotto molto maturo che si è evoluto nel corso del tempo. Si è evoluto soprattutto grazie alla comunità perché si tratta di un progetto open source e libero quindi chiunque può analizzare il codice sorgente, modificarlo o contribuire per migliorarlo.

I punti di forza di MySQL sono tanti e il più importante riguarda la sua popolarità. Usare un software molto diffuso ti consente di individuare soluzioni ad ogni problema perché probabilmente qualcuno si è posto lo stesso problema prima di te. Nella maggior parte dei casi, una ricerca su Google eviterà di farti perdere molto tempo.

Un altro punto di forza è certamente la sua affidabilità infatti garantisce il suo funzionamento 24 ore al giorno, 7 giorni su 7 ed è anche per questo che viene spesso usato per i siti Web insieme a CMS come Wordpress.

MySQL può essere installato su qualsiasi piattaforma infatti funziona bene sia su Windows, sia su Linux sia su macOS.

È molto apprezzato, oltre a tutto quello che abbiamo già detto, per come svolge il suo lavoro. Questo è il punto fondamentale perché è contraddistinto da un'alta efficienza sia con pochi che con moltissimi dati. È possibile ottimizzare il database a proprio piacimento, ottimizzando una query per estrarre più velocemente i dati, inserendo degli indici nelle tabelle per renderle più accessibili nella ricerca e tanto altro.

Infine, ma non meno importante, è davvero semplice integrarlo con un'applicazione nuova o preesistente scritta in un linguaggio di programmazione come *Java, Python, C, C++* o addirittura *Node.js*.

Non è tutto oro quel che luccica infatti MySQL non è esente da problemi. Nonostante sia stato progettato davvero bene inizia ad avere qualche acciacco soprattutto se paragonato a nuovi prodotti basati proprio su MySQL. Esistono infatti dei *fork* (progetti basati su MySQL ma sviluppati da terzi) che hanno prestazioni leggermente migliori, si parla del 5% circa.

L'aspetto positivo, tuttavia, riguarda la facilità con cui è possibile migrare ad uno di questi fork, molte volte è sufficiente esportare il database e rieseguire le query sul nuovo per completare la migrazione con successo.

Capitolo 3
Installazione

Esistono diverse versioni di MySQL e in questo ebook preferiamo usare la *Community Edition* in quanto gratuita. Questa versione è sottoposta a licenza GPL perciò può essere scaricata in modo gratuito e mette a disposizione diverse funzionalità che possono tornare utili.

Linux

L'installazione su piattaforme basate su Linux è davvero semplice infatti si può scaricare sottoforma di archivio *.tar.gz* o come pacchetto grazie ad *apt* o *yum*.

Prendiamo in considerazione il package manager *apt,* basterà digitare i seguenti comandi:

sudo apt update

sudo apt install mysql-server

Questo comando installerà MySQL, ma non ti chiederà di impostare una password o apportare altre modifiche alla configurazione.

Per le nuove installazioni, ti consigliamo di eseguire lo script di sicurezza. Questo comando modifica alcune delle opzioni predefinite che sono meno sicure per gli accessi root remoti e gli utenti di esempio. Nelle versioni precedenti di MySQL, era possibile inizializzare manualmente anche la directory dei dati ma questo passaggio viene eseguito automaticamente.

Digita il seguente comando nel terminale:

```
sudo mysql_secure_installation
```

Questo comando ti guiderà attraverso una serie di istruzioni in cui puoi apportare alcune modifiche alle opzioni di sicurezza della tua installazione MySQL. Innanzitutto, ti verrà chiesto se desideri configurare il plug-in *Validate Password*, che può essere utilizzato per testare la validità della tua password MySQL. Indipendentemente dalla tua scelta, il prossimo step sarà quello di impostare una password per l'utente *root* di MySQL. Immetti la password e conferma la tua scelta. Da adesso, è possibile premere il tasto Y e quindi INVIO per accettare le impostazioni predefinite per tutte le domande successive. Ciò rimuoverà alcuni utenti anonimi e il database di test, disabiliterà gli accessi root remoti e caricherà queste nuove regole in modo che MySQL rispetti le modifiche apportate.

Se l'installazione è andata a buon fine e non vedi alcun messaggio di errore puoi eseguire questo comando nel tuo terminale per l'autenticazione:

mysql -u root -p

Dopo aver digitato questo comando puoi creare un nuovo utente ed assegnargli una password sicura:

mysql> CREATE USER 'pippo'@'localhost' IDENTIFIED BY 'password';

mysql> GRANT ALL PRIVILEGES ON *.* TO 'pippo'@'localhost' WITH GRANT OPTION;

mysql> exit

Il primo comando consente di creare l'utente pippo con la password scelta, il secondo concede al nuovo utente i privilegi appropriati. Nell'esempio sono stati concessi i privilegi a tutte le tabelle all'interno del database, nonché il potere di aggiungere, modificare e rimuovere i privilegi degli utenti. L'ultimo comando serve per uscire da MySQL.

Windows

In Windows il processo di installazione è completamente guidato da un'interfaccia grafica che spiega in maniera completa ed esaustiva quali sono gli step necessari per l'installazione e cosa si sta installando.

Per prima cosa è necessario collegarsi al sito ufficiale https://dev.mysql.com/downloads/windows/installer/8.0.html per ottenere la Community Edition. Dopo aver cliccato su "Download" del pacchetto più piccolo in termini di dimensioni possiamo lanciare l'eseguibile scaricato. È anche possibile scaricare il pacchetto di dimensioni più grandi, risparmiando un po' di tempo in fase di installazione. Nella prima schermata viene chiesto cosa vogliamo installare: solo il server, solo il client, un'installazione completa ecc.

Selezioniamo la prima opzione (Developer Default) e installeremo tutti i prodotti che vediamo nella colonna di destra. Proseguiamo come nell'immagine che segue:

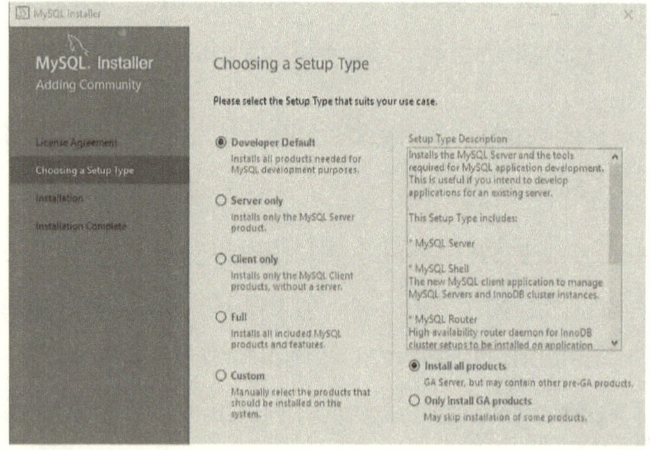

Successivamente ci viene richiesto che tipo di architettura vogliamo usare pertanto selezioneremo *Standalone MySQL Server / Classic MySQL Replication*. Se vogliamo installare il database sul PC locale per motivi di sviluppo o per prendere confidenza con MySQL scegliamo *Development Machine*, se stiamo configurando un server dedicato scegliamo *Server Machine* altrimenti *Dedicated Machine* se si tratta di un server su cui sarà ospitato solo MySQL. Seleziona il protocollo TCP/IP e assicurati che sia impostata la porta di default per MySQL ovvero la 3306.

Alla fine di queste configurazioni può iniziare l'installazione del software che richiederà diversi minuti a seconda dell'hardware su cui state installando.

La pagina di installazione proporrà un riepilogo dei prodotti pronti per l'installazione come la seguente:

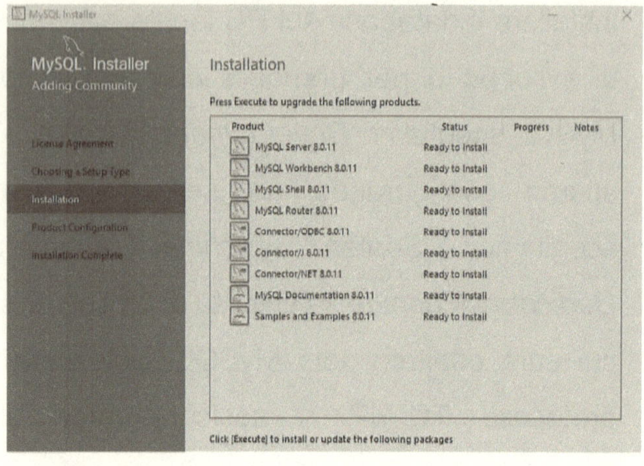

Alla fine, selezioniamo *Strong Password* per specificare la password dell'utente principale, ti prego di custodire tale password in un luogo sicuro perché verrà spesso utilizzata. Questa password è fondamentale in quanto password dell'utente con i privilegi massimi.

Quando richiesto sarà necessario impostare MySQL come servizio di Windows in modo che parta all'avvio del sistema operativo e non sarà necessario avviarlo manualmente.

Proseguite con le impostazioni predefinite e successivamente vi consiglio di selezionare entrambe le voci per eseguire MySQL Workbench e MySQL Shell.

Se l'installazione è andata a buon fine vedrai un terminale simile al seguente:

macOS

Puoi scaricare un archivio *.dmg* dal sito ufficiale di MySQL https://dev.mysql.com/downloads/mysql/ e seguire le istruzioni dell'interfaccia utente. Quando il download sarà completato potrai montare il disco immagine con un semplice doppio click per vedere il contenuto di quanto scaricato.

La procedura guidata faciliterà l'installazione del software chiedendo la cartella dove si intende installare MySQL:

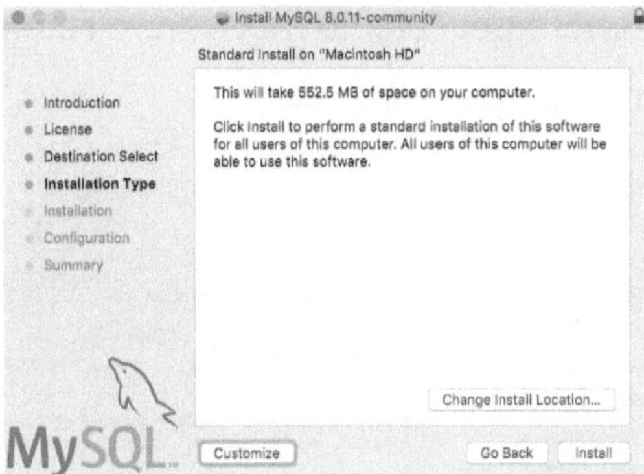

Successivamente è necessario selezionare tutte le opzioni come nell'immagine seguente:

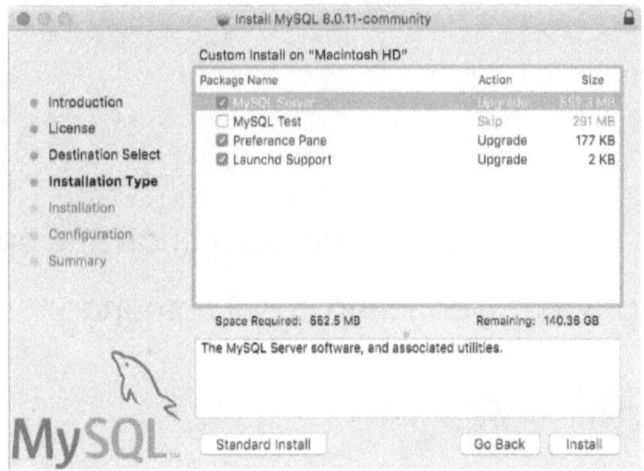

Nei passi successivi è necessario definire il tipo di password da usare, selezioniamo *Use Strong Password Encryption* e digitiamo la password per l'utente root ovvero l'utente con i privilegi massimi:

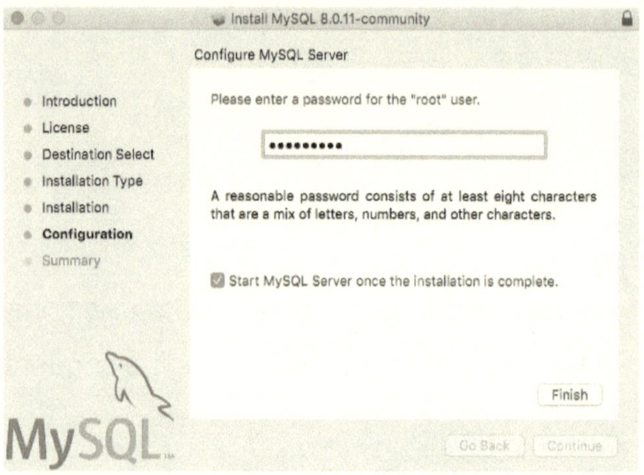

Se l'installazione è andata a buon fine saremo in grado di verificarlo con il comando:

mysql.server status

Se MySQL è avviato potremo entrare nella console tramite il comando:

mysql -u root -p

Il risultato, dopo aver inserito correttamente la password, sarà qualcosa simile alla seguente schermata:

```
Enter password:
Welcome to the MySQL monitor.  Commands end with ; or \g.
Your MySQL connection id is 8
Server version: 8.0.11 MySQL Community Server - GPL

Copyright (c) 2000, 2018, Oracle and/or its affiliates. All rights reserved.

Oracle is a registered trademark of Oracle Corporation and/or its
affiliates. Other names may be trademarks of their respective
owners.

Type 'help;' or '\h' for help. Type '\c' to clear the current input statement.

mysql>
```

Capitolo 4
Comandi SQL

Database

In questo ebook stiamo usando l'utente root per scopi dimostrativi ma è sempre consigliato usare un utente specifico con privilegi specifici su database o tabelle.

Dopo aver effettuato l'accesso alla console di MySQL con il comando:

```
mysql -u root -p
```

Il primo passaggio nella gestione dei dati per qualsiasi database è la creazione del database stesso. Questa attività può variare dall'elementare al complicato, a seconda delle tue esigenze. Molti sistemi includono strumenti grafici (come MySQL Workbench) che consentono di creare completamente il database con qualche click. Questa funzione è sicuramente utile per risparmiare tempo, ma dovresti comprendere le istruzioni SQL che vengono eseguite in risposta ai click del mouse. Attraverso l'esperienza personale, abbiamo imparato l'importanza di creare un buon script di installazione SQL. Un file di script contiene il codice SQL necessario per ricostruire completamente uno o più database; lo script spesso include elementi del database come indici, procedure e trigger.

La conoscenza della sintassi SQL è fondamentale in quanto ti consente di applicare le tue conoscenze ad altri sistemi di database relazionali.

La prima considerazione riguarda il livello di autorizzazione infatti è necessario assicurarsi che si disponga delle impostazioni di autorizzazione a livello di amministratore di sistema o che l'amministratore di sistema abbia concesso l'autorizzazione per il comando CREATE DATABASE.

Per iniziare è fondamentale sapere quali sono i database già definiti di default durante l'installazione, MySQL consente di fare ciò tramite il comando:

mysql> show databases;

Probabilmente vedrai soltanto i database utili al funzionamento di MySQL se non ne hai ancora creati. Per creare un database di nome dbTEST sarà sufficiente digitare ed eseguire:

mysql> CREATE DATABASE dbTEST;

Dopo aver creato un database bisogna selezionarlo per i successivi comandi:

mysql> USE dbTEST;

A questo punto siamo pronti per usare il database appena creato, popolandolo di tabelle piene di dati. Prima di riempire le tabelle è importante **normalizzare** il database ovvero suddividere i dati in componenti separati per ridurre la ripetizione dei dati stessi. Esistono diversi livelli di normalizzazione ed ogni livello riduce la ripetizione dei dati. La normalizzazione dei dati può essere un processo estremamente complesso ma esistono numerosi strumenti di progettazione del database che possono esserti d'aiuto.

Ci sono diversi fattori che possono influenzare la progettazione del database, ad esempio lo spazio disponibile sul disco, la velocità con cui viene aggiornato il database o la velocità con cui vengono recuperati i dati.

Lo spazio sul disco è un fattore importante e da tenere in mente infatti anche se siamo in un'era dove gli smartphone possono archiviare Terabyte di dati, ricorda che più grande è il tuo database, più tempo ci vuole per recuperare i record. Se non hai ottimizzato la struttura del DB, è probabile che tu abbia ripetuto inutilmente gran parte dei tuoi dati. Spesso, però, può verificarsi il problema opposto infatti potresti aver cercato di normalizzare completamente la progettazione delle tue tabelle con il database e, in tal modo, hai creato molte tabelle. Anche in questo caso, qualsiasi operazione di query eseguita su questo database potrebbe richiedere molto tempo per essere eseguita. I database progettati in questo modo sono talvolta difficili da manutenere perché la struttura della tabella potrebbe oscurare l'intento del progettista. Questo problema sottolinea l'importanza di documentare sempre il codice o il design in modo che chi possa lavorare con te possa avere un'idea di cosa stavi pensando nel momento in cui hai creato la struttura del tuo database.

Tabelle

L'obiettivo di progettazione più importante che dovresti avere è quello di creare la struttura della tabella in modo tale che ognuna abbia una chiave primaria ed una chiave esterna. La chiave primaria serve per garantire che:

- Ogni record sia univoco all'interno di una tabella (nessun altro record all'interno della tabella ha tutte le sue colonne uguali a qualsiasi altro);
- i dati in una colonna non siano ripetuti in nessun altro punto della tabella.

Per quanto riguarda il secondo obiettivo, la colonna con dati completamente unici in tutta la tabella è nota come **chiave primaria**. Una chiave esterna è un campo che collega una tabella alla chiave primaria o alla chiave esterna di un'altra tabella. Facciamo un esempio: supponiamo di avere tre tabelle: BOLLETTE, CONTO_CORRENTE e AZIENDA.

La chiave primaria nella tabella BOLLETTE potrebbe essere il campo NOME o, sarebbe meglio, una combinazione di NOME con qualche altro campo. Il campo IBAN nella tabella CONTO_CORRENTE è la chiave primaria per quella tabella mentre il campo NOME è la chiave primaria per la tabella AZIENDA.

Le chiavi esterne in questo esempio sono probabilmente facili da individuare. Il campo IBAN nella tabella BOLLETTE unisce la tabella BOLLETTE alla tabella CONTO_CORRENTE. Il campo NOME nella tabella BOLLETTE unisce la tabella

BOLLETTE alla tabella AZIENDA. Se si trattasse di un progetto di database completo, si otterrebbero molte più tabelle e suddivisioni dei dati. Ad esempio, il campo BANCA nella tabella CONTO_CORRENTE potrebbe puntare ad una tabella contenente tutte le informazioni bancarie come indirizzi e numeri di telefono. La tabella AZIENDA può essere collegata con un'altra tabella (o database) contenente informazioni sulla società e sui suoi prodotti.

CREATE

Vediamo come creare la tabella BOLLETTE in MySQL:

```
mysql> CREATE TABLE BOLLETTE (
    -> NOME VARCHAR(30),
    -> IMPORTO FLOAT,
```

        ->   IBAN VARCHAR(30));

Query OK, 0 rows affected (0.52 sec)

Abbiamo creato la tabella che conterrà il campo NOME di una lunghezza massima di 30 caratteri, IMPORTO e l'IBAN del conto corrente (che è univoco).

MySQL consente di identificare ciò che può essere archiviato in una colonna ed un valore NULL può sembrare quasi un ossimoro, perché avere un campo con un valore NULL vuol dire che il campo in realtà non ha alcun valore memorizzato in esso. Quando si crea una tabella, MySQL consente di indicare una colonna con le parole chiave NOT NULL in modo da indicare che la colonna non può contenere valori NULL per nessun record nella tabella. NOT NULL significa che ogni record deve avere un valore effettivo in questa colonna. Aggiorniamo l'esempio precedente con questa clausola:

```
mysql> CREATE TABLE BOLLETTE (
    ->   NOME VARCHAR(30) NOT NULL,
    ->   IMPORTO FLOAT,
    ->   IBAN VARCHAR(30) NOT NULL);
Query OK, 0 rows affected (0.52 sec)
```

In questa tabella vuoi salvare il nome dell'azienda a cui devi pagare una fattura, insieme all'importo della fattura. Se il campo NOME e/o IBAN non fosse memorizzato, il record sarebbe privo di significato.

INSERT

Adesso che abbiamo la tabella possiamo inserire i dati al suo interno:

mysql> INSERT INTO BOLLETTE VALUES("ENEL",22.5, IT000000001231231');

Query OK, 1 row affected (0.15 sec)

mysql> INSERT INTO BOLLETTE VALUES(NULL, 25000, 'IT000000000012312331');

ERROR 1048 (23000): Column 'NOME' cannot be null

Puoi notare che il secondo record nell'esempio precedente non contiene un valore per il nome. Poiché la tabella è stata creata con NOT NULL per il campo NOME, è stato generato un errore. Una buona regola è che la chiave primaria e tutti i campi della chiave esterna non debbano mai contenere valori NULL.

Chiavi primarie

Uno dei tuoi obiettivi di progettazione dovrebbe essere quello di avere una colonna unica all'interno di ogni tabella. Questa colonna costituisce un campo per la chiave primaria in modo da impedire l'inserimento di valori di campo con chiave duplicati nel database. Dovresti notare diverse cose quando scegli un campo chiave infatti spesso viene usato un campo che viene incrementato per ogni riga aggiunta, il che rende questo campo per impostazione predefinita sempre una chiave univoca. Oltre ad essere davvero utile, è molto più veloce ritrovare un valore intero piuttosto che una stringa di 80 caratteri. Moltiplica questo concetto su centinaia di tabelle ed avrai dimensioni inferiori del database rispettando questa regola.

Ora possiamo creare le tabelle che abbiamo menzionato in precedenza:

```
mysql>              CREATE              TABLE
CONTO_CORRENTE (

    -> IBAN VARCHAR(30) NOT NULL,

    -> SALDO FLOAT,

    -> BANCA VARCHAR(30));
Query OK, 0 rows affected (0.51 sec)


mysql> CREATE TABLE AZIENDA (

    -> NOME VARCHAR(30) NOT NULL,

    -> INDIRIZZO VARCHAR(50),
```

    -> CITTA VARCHAR(30),

    -> STATO CHAR(2));

Query OK, 0 rows affected (0.74 sec)

Nella creazione della tabella ho usato diversi tipi di dati ma balza all'occhio la differenza tra CHAR e VARCHAR. Entrambi consentono di memorizzare delle stringhe di caratteri ma il primo ha una lunghezza fissa mentre il secondo ha lunghezza variabile. Entrambi consentono di definire una lunghezza massima ma con VARCHAR si occupa solo lo spazio necessario. Nel campo indirizzo potremmo memorizzare una stringa di 40 caratteri o di 10, consentendo un notevole risparmio rispetto all'uso di CHAR.

Inseriamo alcuni dati al loro interno:

```
mysql> INSERT INTO CONTO_CORRENTE
VALUES('IT000000000012312331', 105.22,
'BANCA 1');

Query OK, 1 row affected (0.20 sec)


mysql> INSERT INTO AZIENDA
VALUES('ENEL', 'VIA PIPPO, 2',
'ROMA','IT');

Query OK, 1 row affected (0.34 sec)
```

Come avrai notato è possibile inserire i comandi SQL su un'unica riga come in questo caso o su più righe. È fondamentale, in entrambi i casi, terminare ogni singola istruzione con un punto e virgola (;) in modo che l'interprete possa capire dove finisce un'istruzione e ne inizia un'altra, soprattutto se si creano degli script con molteplici istruzioni.

ALTER TABLE

Molte volte la progettazione del database cambia perché cambiano i requisiti o magari abbiamo dimenticato qualcosa che va aggiunta. L'istruzione ALTER TABLE consente all'amministratore o al progettista del database di modificare la struttura di una tabella dopo che è stata creata. Il comando ALTER TABLE consente di eseguire sostanzialmente due operazioni:

- Aggiungere una colonna ad una tabella esistente
- Modificare una colonna già esistente
- Cancellare una colonna

La sintassi prevede rispettivamente:

- ALTER TABLE nome_tabella ADD nome_colonna tipo_colonna;

- ALTER TABLE nome_tabella MODIFY COLUMN nome_colonna tipo_colonna;

- ALTER TABLE nome_tabella DROP COLUMN nome_colonna tipo_colonna.

Ad esempio, proviamo a modificare il campo STATO della tabella AZIENDA:

```
mysql> ALTER TABLE AZIENDA MODIFY COLUMN STATO VARCHAR(3);
Query OK, 1 row affected (1.33 sec)
Records: 1  Duplicates: 0  Warnings: 0
```

Puoi aumentare o diminuire la lunghezza delle colonne a tuo piacere; comunque non è possibile ridurre la lunghezza di una colonna se la dimensione di uno dei suoi valori è maggiore del valore che si desidera assegnare alla lunghezza della colonna.

Per l'istruzione ALTER TABLE, tuttavia, esistono alcune restrizioni infatti si può cambiare una colonna da NOT NULL a NULL, ma non viceversa. Una colonna può essere modificata da NULL a NOT NULL solo se la colonna non contiene alcun valore NULL.

DROP TABLE

MySQL fornisce ovviamente un comando per rimuovere completamente una tabella da un database. Il comando DROP TABLE elimina una tabella insieme a tutte le viste e gli indici associati. È necessario prestare attenzione con questo comando perché dopo averlo eseguito, non è più possibile tornare indietro.

L'uso più comune dell'istruzione DROP TABLE è legato alla creazione di tabelle temporanee. Dopo aver completato tutte le operazioni sulla tabella temporanea, si può digitare un'istruzione DROP TABLE simile alla seguente:

mysql> DROP TABLE TABELLA_TEMP;

DROP DATABASE

Qualora si intenda cancellare un intero database, per esempio, dopo una migrazione avvenuta con successo si può usare il seguente comando:

mysql> DROP DATABASE NOME_DB;

Capitolo 5

Recuperare i dati

Spesso si parla di **query SQL** e spesso si pensa ad un'interrogazione del database per recuperare dati. In realtà una query SQL può essere un comando per eseguire una delle seguenti operazioni:

- Creare o eliminare una tabella;
- Inserire, modificare o eliminare righe o campi;
- Cercare in diverse tabelle informazioni specifiche e restituire i risultati in un ordine specifico.

La sintassi SQL è abbastanza flessibile e facile da capire, sebbene ci siano regole da seguire come in qualsiasi linguaggio di programmazione. Presta molta attenzione alle maiuscole e alle minuscole, alla spaziatura e alla separazione logica dei componenti di ciascuna query per parole chiave SQL. Scrivere bene delle query aiuterà te e chiunque altro a capire rapidamente cosa stai cercando di fare.

SELECT

Per recuperare i dati dalla tabella creata e popolata nel capitolo precedente puoi usare l'istruzione SELECT:

```
mysql> SELECT * FROM CONTO_CORRENTE;

+----------------------+--------+--------+
| IBAN                 | SALDO | BANCA  |
+----------------------+--------+--------+
```

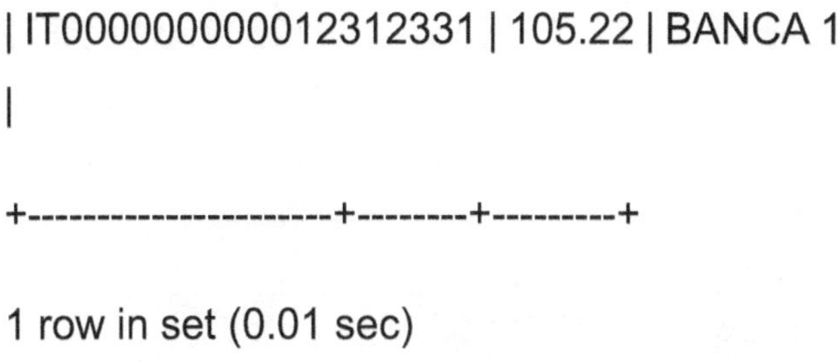

```
| IT000000000012312331 | 105.22 | BANCA 1
|

+----------------------+--------+--------+

1 row in set (0.01 sec)
```

L'asterisco (*) in SELECT * indica al database di restituire tutte le colonne associate alla tabella indicata descritta dalla clausola FROM. Il database determina l'ordine in cui restituire le colonne. Per specificare l'ordine delle colonne, è possibile digitare qualcosa del tipo:

```
mysql> SELECT BANCA, IBAN, SALDO FROM CONTO_CORRENTE;

+----------+----------------------+--------+

| BANCA   | IBAN           | SALDO |

+--------+-------------------+-------+
```

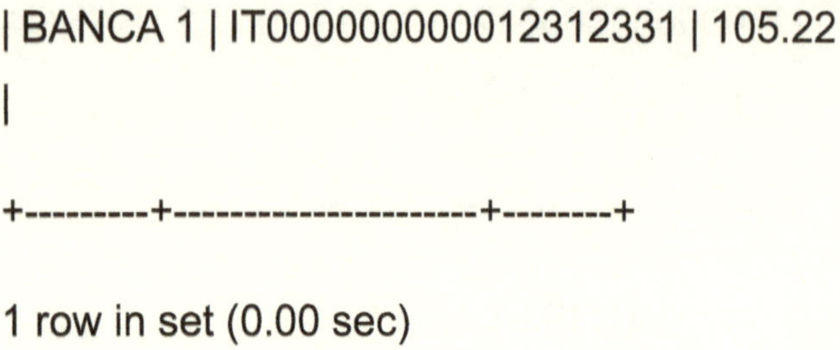

```
| BANCA 1 | IT000000000012312331 | 105.22
|
```

```
+----------+----------------------+--------+
```

1 row in set (0.00 sec)

Devi notare che il nome di ogni colonna è elencato nella clausola SELECT. L'ordine in cui sono elencate le colonne è l'ordine in cui appariranno nell'output. L'elenco delle colonne da mostrare è separato da virgole e la clausola FROM è separata da uno spazio. Se non hai intenzione di mostrare tutte le colonne presenti in una tabella puoi anche limitarti a selezionare una colonna come segue:

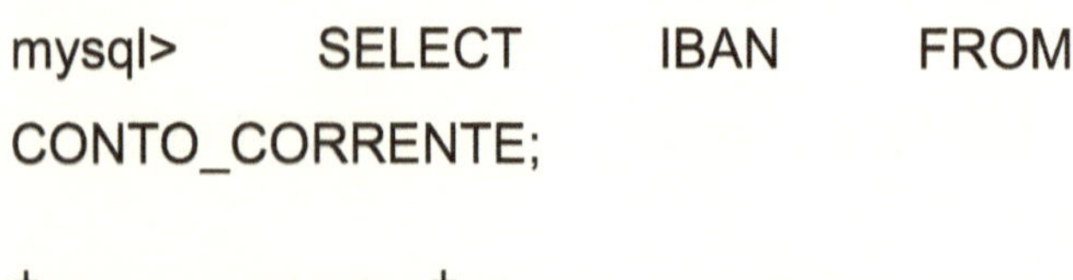

```
mysql> SELECT IBAN FROM CONTO_CORRENTE;

+--------------------+
```

```
| IBAN                 |
+----------------------+
| IT000000000012312331 |
+----------------------+
1 row in set (0.00 sec)
```

DISTINCT

Talvolta alcuni dati possono ripetersi all'interno di una colonna e, se abbiamo bisogno valori univoci, è necessario usare la parola chiave DISTINCT. Inseriamo altre righe nella tabella BOLLETTE:

mysql> INSERT INTO BOLLETTE VALUES('FASTWEB', 35, 'IT000000001231231');

Query OK, 1 row affected (0.20 sec)

mysql> INSERT INTO BOLLETTE VALUES('ENEL', 104.22, 'IT000000003333334');

Query OK, 1 row affected (0.10 sec)

```
mysql> INSERT INTO BOLLETTE
VALUES('FASTWEB', 110,
'IT000000003333334');

Query OK, 1 row affected (0.18 sec)


mysql> SELECT * FROM BOLLETTE;
+------------+---------+------------------+
| NOME       | IMPORTO | IBAN             |
+------------+---------+------------------+
| Amazon AWS |    22.5 | IT000000001231231 |
| FASTWEB    |      35 | IT000000001231231 |
| ENEL       |  104.22 | IT000000003333334 |
| FASTWEB    |     110 | IT000000003333334 |
```

+------------+---------+------------------+

4 rows in set (0.00 sec)

In questo caso abbiamo aggiunto le bollette dell'ufficio che paghiamo da un altro conto corrente, quindi, con un codice IBAN diverso. Come puoi vedere nella SELECT vengono restituiti tutti i valori ma in questo caso vogliamo una lista di codici IBAN senza duplicati:

```
mysql> SELECT DISTINCT IBAN FROM BOLLETTE;

+-------------------+
| IBAN              |
+-------------------+
| IT000000001231231 |
```

| IT000000003333334 |

+--------------------+

2 rows in set (0.12 sec)

Se vuoi trovare un determinato articolo o gruppo di elementi nel tuo database, hai bisogno di una o più condizioni. Le condizioni sono contenute nella clausola WHERE, ad esempio cerchiamo tutte le bollette pagate relative a Fastweb:

```
mysql> SELECT * FROM BOLLETTE WHERE NOME='FASTWEB';

+---------+---------+-------------------+
| NOME    | IMPORTO | IBAN              |
+---------+---------+-------------------+
| FASTWEB |      35 | IT000000001231231 |
```

| FASTWEB | 110 | IT000000003333334 |

+----------+----------+------------------+

2 rows in set (0.00 sec)

SELECT, FROM e WHERE sono le tre clausole più utilizzate in MySQL. WHERE semplicemente fa in modo che le tue query siano più selettive infatti non usandola, la cosa più utile che potresti fare con una query, è visualizzare tutti i record nella tabella selezionata.

Capitolo 6
Gli operatori

Gli operatori sono gli elementi usati all'interno di un'espressione per articolare il modo in cui desideri che determinate condizioni recuperino i dati. Gli operatori si dividono in diversi gruppi: aritmetici, di confronto, per caratteri, logici ecc.

Aritmetici

Gli operatori aritmetici sono addizione (+), sottrazione (-), moltiplicazione (*), divisione (/) e modulo (%). I primi quattro sono semplici da capire e li conosciamo tutti. L'operatore modulo, invece, restituisce il resto intero di una divisione.

È possibile usare questi operatori nella selezione dei dati dalle tabelle. Supponiamo di dover aggiungere ad ogni valore nella tabella BOLLETTE il costo per effettuare il bonifico che è di € 1,50:

```
mysql> SELECT NOME, IMPORTO, IMPORTO+1.5 FROM BOLLETTE;

+----------+----------+--------------------+
| NOME     | IMPORTO  | IMPORTO+1.5        |
+----------+----------+--------------------+
| ENEL     |   22.5   |                 24 |
| FASTWEB  |     35   |               36.5 |
| ENEL     | 104.22   |             105.72 |
| FASTWEB  |    110   |              111.5 |
+----------+----------+--------------------+

4 rows in set (0.00 sec)
```

In questo caso abbiamo aggiunto il costo del bonifico e MySQL assume come intestazione della colonna IMPORTO+1.5. Il nome di questa colonna potrebbe essere difficile da usare o ricordare, tuttavia, possiamo assegnare un nome diverso tramite un **alias**. Un alias viene definito tramite la parola chiave AS quindi proviamo a rinominare la colonna IMPORTO TOTALE:

```
mysql> SELECT NOME, IMPORTO, IMPORTO+1.5 AS 'IMPORTO TOTALE' FROM BOLLETTE;

+----------+----------+--------------------+
| NOME     | IMPORTO | IMPORTO TOTALE      |
+----------+----------+--------------------+
| ENEL     |   22.5 |                 24 |
```

| FASTWEB | 35 | 36.5 |

| ENEL | 104.22 | 105.72 |

| FASTWEB | 110 | 111.5 |

+----------+----------+--------------------+

4 rows in set (0.00 sec)

Attenzione! Tutto quello che vedi nella tabella è frutto di un'elaborazione successiva al recupero dei dati infatti se recuperi i dati della tabella vedrai che conterrà i dati originali. In sostanza, abbiamo creato una colonna virtuale o derivata, modificando i valori di una colonna esistente. Lo stesso può essere fatto per sottrazione, moltiplicazione e divisione:

```
mysql> SELECT NOME, IMPORTO, IMPORTO-1 AS 'IMPORTO SCONTATO' FROM BOLLETTE;
```

```
+---------+---------+-------------------+
| NOME    | IMPORTO | IMPORTO SCONTATO  |
+---------+---------+-------------------+
| ENEL    |    22.5 |              21.5 |
| FASTWEB |      35 |                34 |
| ENEL    |  104.22 | 103.22000122070312 |
| FASTWEB |     110 |               109 |
+---------+---------+-------------------+
4 rows in set (0.00 sec)


mysql> SELECT NOME,IMPORTO, IMPORTO-(IMPORTO*0.1) AS 'SCONTATO del 10%' FROM BOLLETTE;
+---------+---------+-------------------+
```

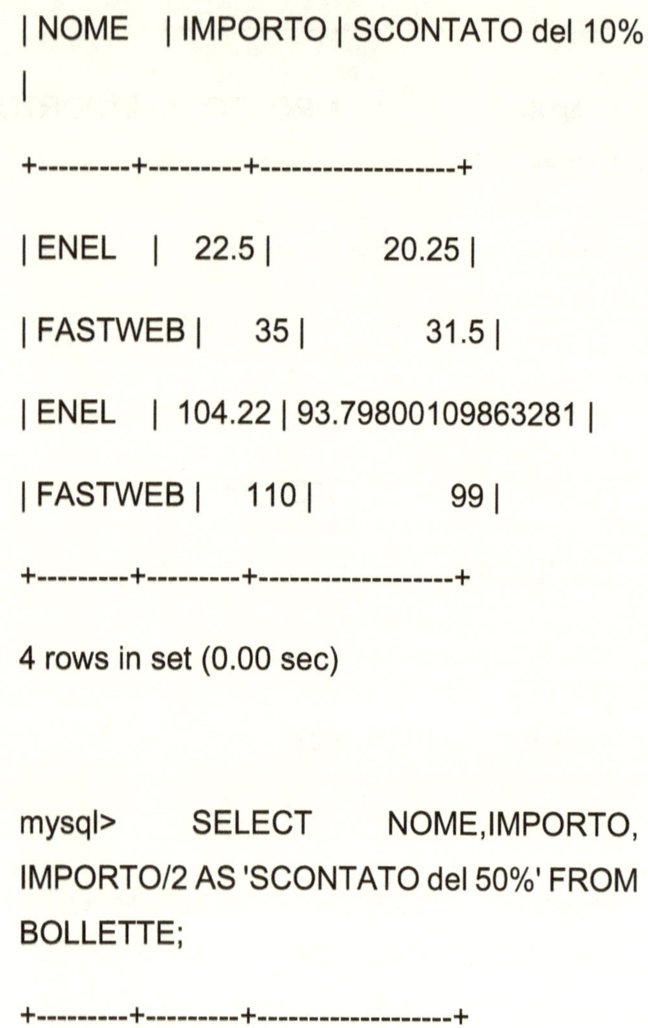

```
| NOME    | IMPORTO | SCONTATO del 10% |

+---------+---------+------------------+
| ENEL    |    22.5 |            20.25 |
| FASTWEB |      35 |             31.5 |
| ENEL    |  104.22 | 93.79800109863281 |
| FASTWEB |     110 |               99 |
+---------+---------+------------------+
4 rows in set (0.00 sec)

mysql> SELECT NOME,IMPORTO, IMPORTO/2 AS 'SCONTATO del 50%' FROM BOLLETTE;
+---------+---------+------------------+
```

| NOME | IMPORTO | SCONTATO del 50% |

+----------+----------+--------------------+

| ENEL | 22.5 | 11.25 |

| FASTWEB | 35 | 17.5 |

| ENEL | 104.22 | 52.11000061035156 |

| FASTWEB | 110 | 55 |

+----------+----------+--------------------+

4 rows in set (0.00 sec)

Infine, l'operatore modulo restituisce il resto di una divisione perciò supponiamo di dividere 176 caramelle tra 6 bambini:

mysql> SELECT 176%6 AS 'CARAMELLE RESTANTI';

```
+-------------------+

| CARAMELLE RESTANTI |

+-------------------+

|                 2 |

+-------------------+
```

1 row in set (0.00 sec)

Confronto

Fedeli al loro nome, questi operatori confrontano le espressioni e restituiscono un valore: TRUE, FALSE o NULL cioè vero, falso o sconosciuto. Qui bisogna prestare attenzione perché MySQL si comporta in modo inaspettato con i valori NULL. Confronti del tipo valore = NULL o valore <> NULL producono sempre un risultato NULL (che non è né vero né falso) perché non è possibile decidere se veri o falsi. Di conseguenza anche NULL = NULL restituisce NULL perché non è possibile determinare se un valore sconosciuto è uguale ad un altro valore sconosciuto. Per verificare davvero se un valore è NULL, bisogna utilizzare gli operatori IS NULL e IS NOT NULL.

mysql> SELECT NOME, IMPORTO FROM BOLLETTE WHERE IMPORTO IS NULL;

Empty set (0.00 sec)

mysql> SELECT NOME,IMPORTO FROM BOLLETTE WHERE IMPORTO IS NOT NULL;

+----------+----------+

| NOME | IMPORTO |

```
+----------+----------+

| ENEL     |   22.5 |

| FASTWEB  |     35 |

| ENEL     | 104.22 |

| FASTWEB  |    110 |

+----------+----------+
```

4 rows in set (0.00 sec)

Gli operatori di confronto sono sei:

- Maggiore (>)
- Maggiore o uguale (>=)
- Minore (<)
- Minore o uguale (<=)
- Uguale (=)
- Diverso (<>)

Facciamo qualche esempio con i dati inseriti nella tabella BOLLETTE:

mysql> SELECT NOME, IMPORTO FROM BOLLETTE WHERE IMPORTO < 40;

```
+---------+---------+
| NOME    | IMPORTO |
+---------+---------+
| ENEL    |    22.5 |
| FASTWEB |      35 |
+---------+---------+
2 rows in set (0.00 sec)
```

mysql> SELECT NOME, IMPORTO FROM BOLLETTE WHERE IMPORTO >= 35;

```
+---------+---------+
```

```
| NOME    | IMPORTO |
+---------+---------+
| FASTWEB |      35 |
| ENEL    | 104.22  |
| FASTWEB |     110 |
+---------+---------+
3 rows in set (0.00 sec)

mysql> SELECT NOME, IMPORTO FROM
BOLLETTE WHERE IMPORTO = 110;
+---------+---------+
| NOME    | IMPORTO |
+---------+---------+
| FASTWEB |     110 |
```

```
+---------+---------+

1 row in set (0.00 sec)


mysql> SELECT NOME, IMPORTO FROM
BOLLETTE WHERE IMPORTO <> 110;

+---------+---------+
| NOME    | IMPORTO |
+---------+---------+
| ENEL    |    22.5 |
| FASTWEB |      35 |
| ENEL    |  104.22 |
+---------+---------+

3 rows in set (0.00 sec)
```

Caratteri

È possibile utilizzare gli operatori dei caratteri per manipolare il modo in cui sono rappresentate le stringhe di caratteri, sia nell'output dei dati sia nel processo di posizionamento delle condizioni sui dati da recuperare. Se volessi selezionare parti di un database che si adattano ad un pattern ma non corrispondono esattamente? È possibile utilizzare il segno uguale ed eseguire tutti i casi possibili, ma tale processo sarebbe noioso e richiederebbe molto tempo.

La parola chiave in questo caso è LIKE:

```
mysql> SELECT NOME FROM BOLLETTE WHERE NOME LIKE 'FA%';

+----------+

| NOME    |
```

```
+---------+
| FASTWEB |
| FASTWEB |
+---------+
```

2 rows in set (0.00 sec)

In questo caso abbiamo selezionato tutti i nomi che iniziano per "FA" perciò il database restituisce soltanto due righe. Se utilizzato all'interno di un'espressione LIKE, % è un carattere jolly. Puoi spostare il carattere jolly all'inizio della stringa in modo da cercare tutti i campi che terminano per "FA":

```
mysql> SELECT NOME FROM BOLLETTE WHERE NOME LIKE '%FA';
```

Empty set (0.00 sec)

Un altro modo per cercare tra le stringhe, limitandoci ad un singolo carattere come jolly, consiste nell'usare il trattino basso (_):

```
mysql> SELECT DISTINCT NOME FROM BOLLETTE WHERE NOME LIKE 'ENE_';

+------+

| NOME |

+------+

| ENEL |

+------+

1 row in set (0.00 sec)
```

Puoi anche combinare i due elementi in modo da cercare tutte le stringhe che contengono una E seguita da una sola lettera ma preceduta da altre lettere:

```
mysql> SELECT NOME FROM BOLLETTE
WHERE NOME LIKE '%E_';

+---------+
| NOME    |
+---------+
| ENEL    |
| FASTWEB |
| ENEL    |
| FASTWEB |
+---------+
4 rows in set (0.00 sec)
```

Logici

Gli operatori logici separano due o più condizioni nella clausola WHERE di un'istruzione SQL. Vogliamo cercare una bolletta da pagare, sappiamo che è di Fastweb e che ammonta a 35 euro. Possiamo usare l'operatore logico AND per unire queste condizioni in una WHERE:

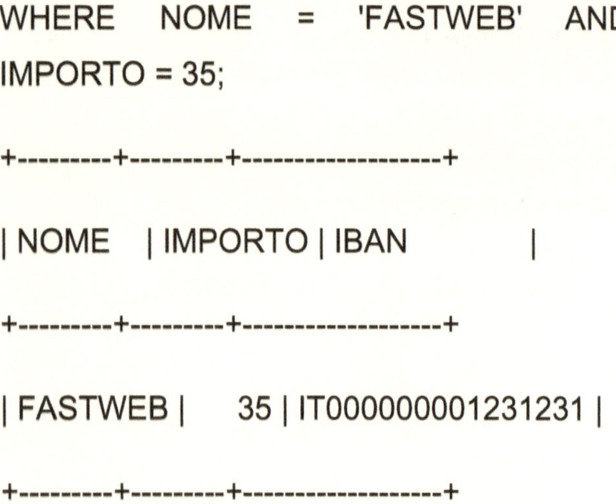

```
mysql> SELECT * FROM BOLLETTE
WHERE NOME = 'FASTWEB' AND
IMPORTO = 35;

+----------+----------+-------------------+
| NOME     | IMPORTO  | IBAN              |
+----------+----------+-------------------+
| FASTWEB  |       35 | IT000000001231231 |
+----------+----------+-------------------+
```

1 row in set (0.00 sec)

AND indica che le espressioni su entrambi i lati devono essere vere per restituire TRUE. Se una delle espressioni è falsa, AND restituisce FALSE.

Puoi anche usare OR per riassumere una serie di condizioni. Se uno dei confronti è vero, OR restituisce TRUE:

```
mysql> SELECT * FROM BOLLETTE WHERE NOME = 'FASTWEB' OR IMPORTO < 40;
+----------+----------+-------------------+
| NOME     | IMPORTO  | IBAN              |
+----------+----------+-------------------+
| ENEL     |    22.5  | IT000000001231231 |
```

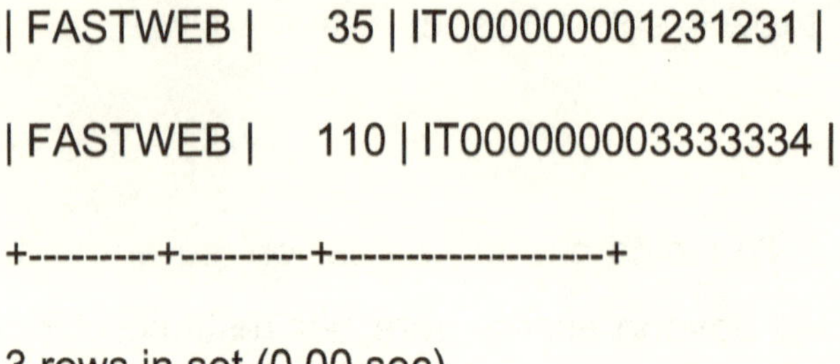

```
| FASTWEB |      35 | IT000000001231231 |
| FASTWEB |     110 | IT000000003333334 |
+----------+---------+--------------------+
```

3 rows in set (0.00 sec)

Come vedi per questa query abbiamo un risultato composto da 3 righe perché vengono unite quelle con nome pari a "FASTWEB" con quelle che hanno importo inferiore a 40 euro.

Un altro operatore spesso utilizzato è il NOT che nega un'intera espressione. Spesso viene utilizzato per mantenere una certa leggibilità del codice dato che si potrebbe usare l'operatore <> per verificare la disuguaglianza. Se la condizione a cui viene applicato è TRUE, NOT la rende FALSE. Se la condizione dopo l'operatore NOT è FALSE, diventa TRUE:

mysql> SELECT NOME FROM BOLLETTE
WHERE NOME NOT LIKE '%EL';

```
+---------+
| NOME    |
+---------+
| FASTWEB |
| FASTWEB |
+---------+
```

2 rows in set (0.00 sec)

Insiemistici

Le tabelle possono essere viste come degli insiemi di elementi perciò esistono dei comandi SQL che ti consentono di unire le righe di due tabelle come se fossero degli insiemi. Uno di questi comandi è UNION che restituisce i risultati di due query tranne le righe duplicate:

```
mysql> SELECT NOME FROM AZIENDA UNION SELECT NOME FROM BOLLETTE;

+---------+
| NOME    |
+---------+
| AMAZON  |
| ENEL    |
| FASTWEB |
+---------+

3 rows in set (0.00 sec)
```

Questo comando è molto utile quando si hanno valori duplicati o ripetuti in diverse tabelle perché magari importate da altri database o altri sistemi. UNION ALL ha lo stesso funzionamento di UNION, tranne per il fatto che non elimina i duplicati.

Un altro modo per selezionare gli elementi contenuti in un altro insieme consiste nell'usare la parola chiave IN:

```
mysql> SELECT * FROM BOLLETTE WHERE NOME IN ('ENEL', 'TEST');

+------+---------+------------------+
| NOME | IMPORTO | IBAN             |
+------+---------+------------------+
| ENEL |    22.5 | IT000000001231231 |
| ENEL |  104.22 | IT000000003333334 |
+------+---------+------------------+
```

2 rows in set (0.00 sec)

La query appena scritta equivale ad una clausola WHERE con più condizioni in OR quindi corrisponde a:

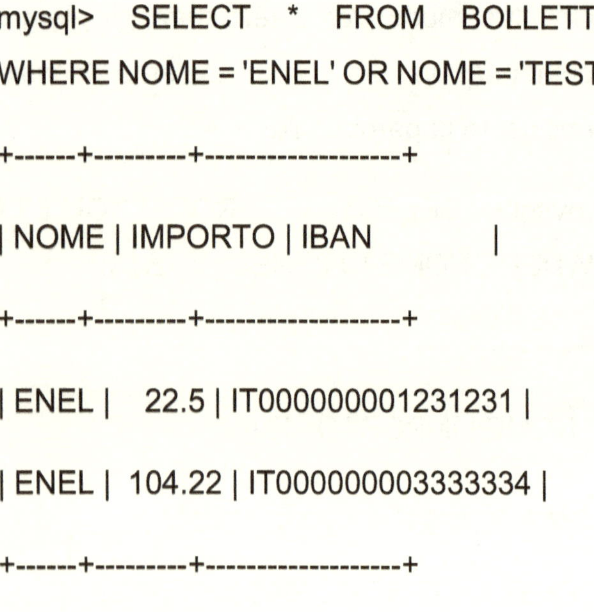

```
mysql> SELECT * FROM BOLLETTE WHERE NOME = 'ENEL' OR NOME = 'TEST';
+-------+----------+--------------------+
| NOME  | IMPORTO  | IBAN               |
+-------+----------+--------------------+
| ENEL  |     22.5 | IT000000001231231  |
| ENEL  |   104.22 | IT000000003333334  |
+-------+----------+--------------------+
2 rows in set (0.00 sec)
```

In questo caso risulta molto più leggibile e facile da usare la clausola IN rispetto a diverse condizioni in OR.

Un'altra clausola può essere molto utile quando si vuole selezionare una serie di valori compresi tra due estremi (inclusi). Con la parola chiave BETWEEN si indicano tutti gli elementi compresi tra il valore a sinistra (estremo inferiore) e l'elemento a destra (estremo superiore) della clausola:

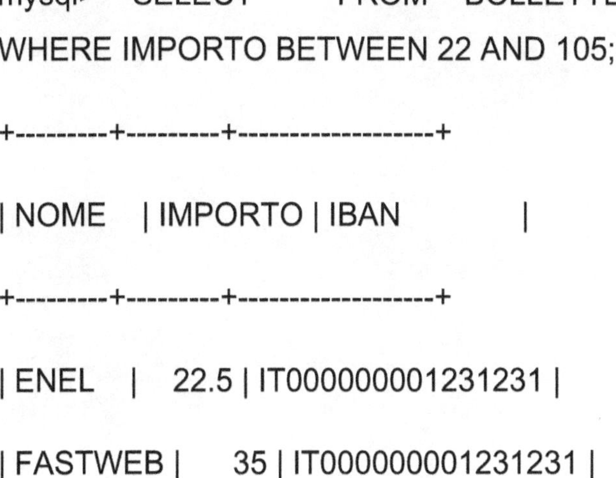

```
mysql> SELECT * FROM BOLLETTE WHERE IMPORTO BETWEEN 22 AND 105;
+---------+---------+------------------+
| NOME    | IMPORTO | IBAN             |
+---------+---------+------------------+
| ENEL    |    22.5 | IT000000001231231 |
| FASTWEB |      35 | IT000000001231231 |
```

| ENEL | 104.22 | IT0000000003333334 |
+---------+---------+-------------------+

3 rows in set (0.00 sec)

Capitolo 7

Funzioni

Le funzioni in SQL consentono di eseguire delle azioni come determinare la somma di una colonna o la conversione in maiuscolo di tutti i caratteri di una stringa.

Esistono diversi tipi di funzioni:

- Funzioni aggregate
- Funzioni per data e ora
- Funzioni aritmetiche
- Funzioni per i caratteri
- Funzioni di conversione
- Funzioni varie

Le funzioni aumentano notevolmente la tua capacità di manipolare le informazioni recuperate utilizzando le funzioni di base di SQL descritte in precedenza.

Funzioni aggregate

Le prime cinque funzioni aggregate, COUNT, SUM, AVG, MAX e MIN, definite nello standard ANSI.

Le funzioni di aggregazione sono anche chiamate funzioni di gruppo e restituiscono un valore basato sui valori in una colonna. La funzione COUNT restituisce il numero di righe che soddisfano una condizione nella clausola WHERE. Potresti anche voler sapere quante righe sono contenute nella tua tabella quindi digiterai:

```
mysql> SELECT COUNT(*) AS 'NUMERO BOLLETTE' FROM BOLLETTE;

+-----------------+

| NUMERO BOLLETTE |

+-----------------+
```

| 4 |

+-----------------+

1 row in set (0.00 sec)

Mentre per sapere quante bollette sono di Fastweb la query sarà:

mysql> SELECT COUNT(*) AS 'BOLLETTE FASTWEB' FROM BOLLETTE WHERE NOME = 'FASTWEB';

+-----------------+

| BOLLETTE FASTWEB |

+-----------------+

| 2 |

+-----------------+

1 row in set (0.12 sec)

La funziona SUM addiziona tutti i valori in una colonna, per esempio se volessimo calcolare il totale di tutte le bollette:

```
mysql>   SELECT   SUM(IMPORTO)   AS
TOTALE FROM BOLLETTE;

+------------------+
| TOTALE           |
+------------------+
| 271.7200012207031 |
+------------------+
1 row in set (0.00 sec)
```

La funzione SUM prende in input solo valori numerici quindi non restituisce alcun risultato sui caratteri. Inoltre, puoi usare le condizioni WHERE per filtrare le righe da sommare.

La funzione AVG consente di creare la media dei valori contenuti in una colonna. Ad esempio, la media delle nostre bollette sarà pari a:

```
mysql> SELECT AVG(IMPORTO) AS MEDIA FROM BOLLETTE;

+------------------+
| MEDIA            |
+------------------+
| 67.93000030517578 |
+------------------+
1 row in set (0.00 sec)
```

Molto semplici ed intuitive sono le funzioni MAX e MIN che consentono di recuperare rispettivamente il valore massimo ed il valore minimo contenuti in una colonna:

```
mysql>    SELECT    MAX(IMPORTO)    AS
'IMPORTO MASSIMO' FROM BOLLETTE;

+-----------------+

| IMPORTO MASSIMO |

+-----------------+

|             110 |

+-----------------+

1 row in set (0.00 sec)


mysql>    SELECT    MIN(IMPORTO)    AS
'IMPORTO MINIMO' FROM BOLLETTE;

+---------------+
```

| IMPORTO MINIMO |

+----------------+

| 22.5 |

+----------------+

1 row in set (0.00 sec)

A fini statistici possono aiutare anche la varianza e la deviazione standard. La varianza fornisce una misura della variabilità dei valori assunti dalla variabile stessa; in particolare, la misura di quanto essi si discostino in modo quadratico rispetto alla media aritmetica o del valore atteso. La deviazione standard, invece, è un indice di dispersione statistico, vale a dire una stima della variabilità di una popolazione di dati. Useremo la parola chiave VARIANCE per calcolare la varianza e STD_DEV per calcolare la deviazione standard:

```
mysql> SELECT VARIANCE(IMPORTO) AS 'VARIANZA' FROM BOLLETTE;

+-------------------+
| VARIANZA          |
+-------------------+
| 1558.7797221496585 |
+-------------------+

1 row in set (0.00 sec)


mysql> SELECT STDDEV(IMPORTO) AS 'DEVIAZIONE STANDARD' FROM BOLLETTE;

+--------------------+
```

| DEVIAZIONE STANDARD |

+---------------------+

| 39.48138450142875 |

+---------------------+

1 row in set (0.00 sec)

Funzioni per data e ora

Spesso è fondamentale usare delle date in un database per memorizzare il giorno, il mese e l'anno di un evento oppure per memorizzare l'orario e la data di accesso di un utente.

La funzione ADDDATE consente di aggiungere un determinato valore ad una determinata unità temporale, ad esempio giorni, mesi, anni ecc.

```
mysql> SELECT NOW() AS ADESSO;
```

```
+--------------------+
| ADESSO             |
+--------------------+
| 2020-06-27 12:48:27 |
+--------------------+
1 row in set (0.00 sec)

mysql> SELECT ADDDATE(NOW(),INTERVAL 1 MONTH) AS 'TRA UN MESE';
+--------------------+
| TRA UN MESE        |
+--------------------+
| 2020-07-27 12:48:35 |
+--------------------+
```

1 row in set (0.00 sec)

I valori che possibile specificare sono molti ma
i più usati sono:

- MICROSECOND
- SECOND
- MINUTE
- HOUR
- DAY
- WEEK
- MONTH
- YEAR
- MINUTE_SECOND
- HOUR_MINUTE
- DAY_HOUR
- YEAR_MONTH

Come puoi notare sono tutti abbastanza
semplici da capire ma gli ultimi possono

trarre in inganno. Se volessimo aggiungere ore e minuti oppure minuti e secondi ad una data, non serve invocare due volte la funzione. Useremo rispettivamente HOUR_MINUTE e MINUTE_SECOND per risparmiare tempo:

```
mysql>                        SELECT
ADDDATE(NOW(),INTERVAL           '1:30'
HOUR_MINUTE)   AS   'TRA   UN\'ORA   E
MEZZO';

+--------------------+

| TRA UN'ORA E MEZZO |

+--------------------+

| 2020-06-27 14:24:32 |

+--------------------+

1 row in set (0.00 sec)
```

Personalmente dimentico sempre quanti giorni hanno i mesi e, se non fosse per la famosa filastrocca, non saprei proprio come fare. Possiamo usare la funzione LAST_DAY() per recuperare l'ultimo giorno di un mese:

```
mysql> SELECT LAST_DAY(NOW());

+-----------------+

| LAST_DAY(NOW()) |

+-----------------+

| 2020-06-30      |

+-----------------+

1 row in set (0.01 sec)
```

MySQL è davvero utile con le date, infatti, dando in input la tua data di nascita può calcolare quanti giorni fa sei nato. Non ci credi? Verifichiamo insieme:

```
mysql> SELECT DATEDIFF(NOW(), "1980-05-11") AS 'QUANTI GIORNI FA\' SONO NATO?';

+------------------------------+
| QUANTI GIORNI FA' SONO NATO? |
+------------------------------+
|                        14657 |
+------------------------------+
1 row in set (0.00 sec)
```

Immagina quanto è potente MySQL e quanto può semplificarti la vita. Potresti fare lo stesso calcolo nel tuo linguaggio di programmazione ma probabilmente avresti bisogno di più di una riga.

Funzioni aritmetiche

Quando si parla di funzioni si pensa sempre alle funzioni matematiche come valore assoluto, seno, coseno e radice quadrata. Tutte queste funzioni e molte altre sono disponibili in MySQL, vediamo come usarle:

```
mysql> SELECT ABS(-10);
+----------+
| ABS(-10) |
+----------+
|       10 |
+----------+
```

1 row in set (0.00 sec)

mysql> SELECT SIN(0);

+--------+

| SIN(0) |

+--------+

| 0 |

+--------+

1 row in set (0.00 sec)

mysql> SELECT COS(0);

+--------+

| COS(0) |

+--------+

| 1 |
+---------+

1 row in set (0.00 sec)

mysql> SELECT SQRT(16);

+----------+
| SQRT(16) |
+----------+
| 4 |
+----------+

1 row in set (0.00 sec)

Funzioni per caratteri

Per i caratteri ci sono davvero tante funzioni disponibili infatti possiamo concatenare stringhe, rendere i caratteri di una stringa tutti minuscoli o maiuscoli, eseguire un riempimento a sinistra o a destra fino a raggiungere una determinata lunghezza e tanto altro.

Per raggiungere gli obiettivi appena descritti useremo rispettivamente le funzioni CONCAT, LOWER, UPPER, LPAD, RPAD.

```
mysql> SELECT CONCAT('test', 'concat');

+--------------------------+

| CONCAT('test', 'concat') |

+--------------------------+

| testconcat               |
```

```
+------------------------+
```

1 row in set (0.00 sec)

```
mysql> SELECT LOWER('TESTdiLOwer');
+----------------------+
| LOWER('TESTdiLOwer') |
+----------------------+
| testdilower          |
+----------------------+
```

1 row in set (0.12 sec)

```
mysql> SELECT UPPER('TESTdiLOwer');
+----------------------+
| UPPER('TESTdiLOwer') |
```

```
+----------------------+
| TESTDILOWER          |
+----------------------+

1 row in set (0.00 sec)

mysql> SELECT LPAD('TEST', 10, "-");

+----------------------+
| LPAD('TEST', 10, "-") |
+----------------------+
| ------TEST           |
+----------------------+

1 row in set (0.00 sec)

mysql> SELECT RPAD('TEST', 10, "-");

+----------------------+
```

| RPAD('TEST', 10, "-") |

+----------------------+

| TEST------ |

+----------------------+

1 row in set (0.00 sec)

Un'altra funzione molto usata è TRIM che consente di eliminare gli spazi ad inizio e fine stringa. È possibile anche eliminare solo gli spazi ad inizio stringa usando LTRIM e solo a fine stringa usando RTRIM.

mysql> SELECT LTRIM(' |a|');

+---------------+

| LTRIM(' |a|') |

+---------------+

```
| |a|           |
+----------------+
1 row in set (0.00 sec)


mysql> SELECT RTRIM('   |a|   ');
+---------------------+
| RTRIM('   |a|   ') |
+---------------------+
|    |a|             |
+---------------------+
1 row in set (0.00 sec)


mysql> SELECT TRIM('   |a|   ');
+--------------------+
```

| TRIM(' |a| ') |

+--------------------+

| |a| |

+--------------------+

1 row in set (0.12 sec)

La funziona SUBSTR (abbreviazione di substring) accetta tre argomenti e consente di estrarre delle parti da una stringa di input. Il primo argomento indica la stringa da cui estrarre, il secondo argomento è la posizione del primo carattere da considerare mentre il terzo argomento è il numero di caratteri da mostrare.

mysql> SELECT SUBSTR('PIPPO', 3);

+--------------------+

| SUBSTR('PIPPO', 3) |

+-------------------+

| PPO |

+-------------------+

1 row in set (0.00 sec)

mysql> SELECT SUBSTR('PIPPO', 3, 2);

+----------------------+

| SUBSTR('PIPPO', 3, 2) |

+----------------------+

| PP |

+----------------------+

1 row in set (0.00 sec)

Infine, ma non meno importante, troviamo la funzione LENGTH che restituisce il numero di caratteri contenuti in una stringa:

```
mysql> SELECT LENGTH('PIPPO');
+-----------------+
| LENGTH('PIPPO') |
+-----------------+
|               5 |
+-----------------+
1 row in set (0.00 sec)
```

Capitolo 8
JOIN delle tabelle

Una delle funzionalità più potenti di MySQL è la sua capacità di raccogliere e manipolare dati da più tabelle. Senza questa funzione dovresti archiviare tutti gli elementi di dati necessari per ogni applicazione in una tabella. Senza la possibilità di selezionare i dati da più tabelle sarebbe necessario archiviare gli stessi dati in più tabelle. Immagina di dover riprogettare, ricostruire e ripopolare tabelle e database ogni volta hai bisogno di una query con una nuova informazione. L'istruzione JOIN di MySQL consente di progettare tabelle più piccole, più specifiche e più facili da gestire rispetto alle tabelle più grandi.

Il modo più semplice per unire delle tabelle consiste nell'unirle in una FROM. In questo modo si effettua un prodotto cartesiano ovvero si avrà una tabella di NxM righe dove N sono le righe della prima tabella, M le righe della seconda. Il prodotto cartesiano può essere creato unendo le due tabelle nella clausola FROM, separandole dalla virgola o, in alternativa, con una CROSS JOIN.

```
mysql> SELECT * FROM
BOLLETTE,CONTO_CORRENTE;

+---------+---------+------------------+-------------------+---------+---------+
| NOME    | IMPORTO | IBAN             | IBAN              | SALDO   | BANCA   |
+---------+---------+------------------+-------------------+---------+---------+
| ENEL    |    22.5 | IT000000001231231 | IT000000001231231 | 105.22 | BANCA 1 |
```

| FASTWEB | 35 | IT000000001231231 |
IT000000001231231 | 105.22 | BANCA 1 |

| ENEL | 104.22 | IT000000003333334 |
IT000000001231231 | 105.22 | BANCA 1 |

| FASTWEB | 110 | IT000000003333334 |
IT000000001231231 | 105.22 | BANCA 1 |

+---------+---------+-------------------+-------------------+---------+---------+

4 rows in set (0.00 sec)

mysql> SELECT * FROM BOLLETTE CROSS JOIN CONTO_CORRENTE;

+---------+---------+-------------------+-------------------+---------+---------+

| NOME | IMPORTO | IBAN | IBAN | SALDO | BANCA |

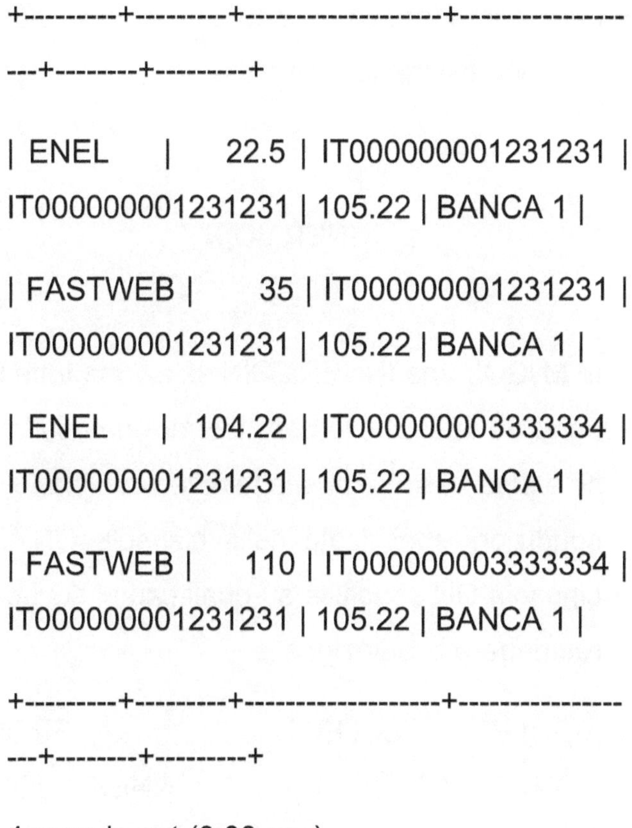

```
+----------+----------+-------------------+-------------------+--------+---------+
| ENEL     |     22.5 | IT000000001231231 | IT000000001231231 | 105.22 | BANCA 1 |
| FASTWEB  |       35 | IT000000001231231 | IT000000001231231 | 105.22 | BANCA 1 |
| ENEL     |   104.22 | IT000000003333334 | IT000000001231231 | 105.22 | BANCA 1 |
| FASTWEB  |      110 | IT000000003333334 | IT000000001231231 | 105.22 | BANCA 1 |
+----------+----------+-------------------+-------------------+--------+---------+
4 rows in set (0.00 sec)
```

Come vedi ogni riga della tabella BOLLETTE è legata ad ogni riga della tabella CONTO_CORRENTE. Ti ricordo che finora nella prima tabella ci sono solo 4 righe, nella seconda esiste solo 1 riga.

INNER JOIN

In MySQL una INNER JOIN seleziona tutte le righe da due tabelle per mostrare un risultato se e solo se entrambe le tabelle soddisfano le condizioni specificate nella clausola ON. La clausola ON specifica su quali campi si vuole restringere la selezione.

```
mysql>      SELECT      *      FROM CONTO_CORRENTE CC INNER JOIN BOLLETTE B ON CC.IBAN = B.IBAN;

+-------------------+--------+---------+---------+------
---+-------------------+
```

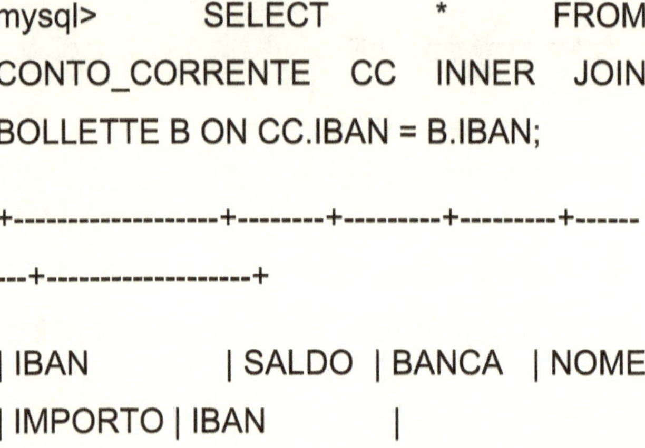

```
| IBAN          | SALDO | BANCA   | NOME
| IMPORTO | IBAN           |
```

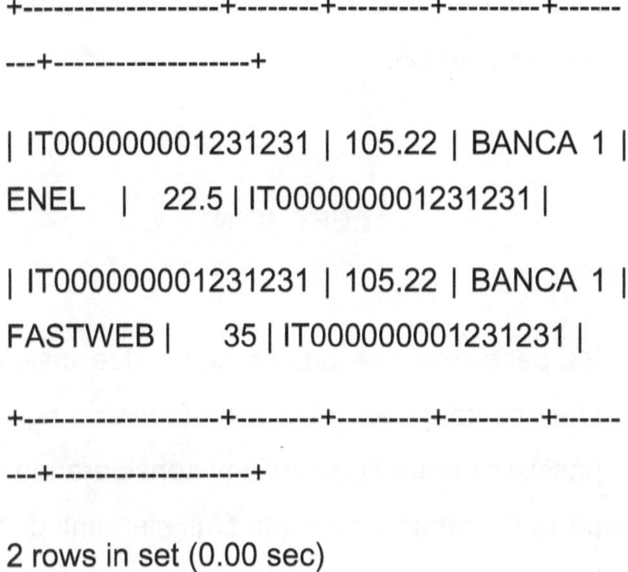

```
+-------------------+--------+---------+---------+---------+-------------------+

| IT000000001231231 | 105.22 | BANCA 1 | ENEL    |    22.5 | IT000000001231231 |

| IT000000001231231 | 105.22 | BANCA 1 | FASTWEB |      35 | IT000000001231231 |

+-------------------+--------+---------+---------+---------+-------------------+

2 rows in set (0.00 sec)
```

In questo caso abbiamo effettuato una INNER JOIN sul campo IBAN che è presente in entrambe le tabelle.

Inoltre, abbiamo dato un alias alle tabelle in modo da poter capire su quale stiamo operando con maggiore facilità, in particolare, la tabella CONTO_CORRENTE è stata ridenominata CC mentre BOLLETTE è stata ridenominata B.

LEFT JOIN

Se pensiamo due tabelle come due insiemi che contengono elementi (ovvero righe) possiamo unire i due insiemi considerando la parte in comune oltre a tutti gli elementi della tabella a sinistra.

```
mysql> SELECT * FROM CONTO_CORRENTE CC LEFT JOIN BOLLETTE B ON CC.IBAN = B.IBAN;

+-------------------+--------+---------+---------+---------+-------------------+
| IBAN              | SALDO | BANCA   | NOME    | IMPORTO | IBAN              |
```

```
+------------------+--------+---------+---------+------
---+------------------+

| IT000000001231231 | 105.22 | BANCA 1 | ENEL   |   22.5 | IT000000001231231 |

| IT000000001231231 | 105.22 | BANCA 1 | FASTWEB |    35 | IT000000001231231 |

+------------------+--------+---------+---------+------
---+------------------+
```

2 rows in set (0.00 sec)

RIGHT JOIN

Proprio come nella LEFT JOIN, nella RIGHT JOIN il concetto è uguale ma cambia il verso infatti si recuperano tutti gli elementi in comune oltre a quelli della tabella di destra.

```
mysql> SELECT * FROM CONTO_CORRENTE CC RIGHT JOIN BOLLETTE B ON CC.IBAN = B.IBAN;

+------------------+--------+---------+---------+---------+------------------+
| IBAN             | SALDO  | BANCA   | NOME    | IMPORTO | IBAN             |
+------------------+--------+---------+---------+---------+------------------+
| IT000000001231231 | 105.22 | BANCA 1 | ENEL    |    22.5 | IT000000001231231 |
| IT000000001231231 | 105.22 | BANCA 1 | FASTWEB |      35 | IT000000001231231 |
| NULL             |  NULL  | NULL    | ENEL    |  104.22 | IT000000003333334 |
| NULL             |  NULL  | NULL    | FASTWEB |     110 | IT000000003333334 |
```

+------------------+--------+---------+---------+------
---+------------------+

4 rows in set (0.00 sec)

SELF JOIN

È anche possibile creare qualsiasi tipo di JOIN sulla stessa tabella, infatti, stiamo per creare una INNER JOIN della tabella BOLLETTE con sé stessa:


```
mysql> SELECT CONCAT(BB.NOME, ' - ', BB.IMPORTO) AS 'NOME - IMPORTO'
    -> FROM BOLLETTE B
    -> INNER JOIN BOLLETTE BB ON
    -> BB.NOME = B.NOME
```

```
    -> WHERE BB.NOME = 'ENEL';

+----------------+

| NOME - IMPORTO |

+----------------+

| ENEL - 22.5    |

| ENEL - 22.5    |

| ENEL - 104.22  |

| ENEL - 104.22  |

+----------------+

4 rows in set (0.00 sec)
```

In questo caso abbiamo creato una INNER JOIN della tabella con sé stessa assegnando un alias (B e BB) per distinguerle. Puoi sostituire alla INNER JOIN una LEFT JOIN o una RIGHT JOIN per recuperare quello di cui hai bisogno dalla tua tabella. Forse ti stai chiedendo a cosa serve esattamente la SELF JOIN. Effettivamente in questo caso avremmo potuto selezionare le righe con una semplice condizione WHERE ma non tutte le tabelle sono così concise e soprattutto i dati contenuti, a volte, sono molto più complessi. Immagina di "ereditare" il database creato e popolato da qualcun altro e scopri che ogni tabella contiene almeno 15 colonne. In questo caso una SELF JOIN potrebbe davvero tornarti utile.

Conclusioni

In questo ebook abbiamo cercato di mostrarti la flessibilità e la potenza di MySQL, spiegando come applicare queste funzionalità ai problemi del mondo reale. Avrai imparato a maneggiare funzioni, query, tabelle e database perciò sforzati per rendere il tuo codice più leggibile ed evita query troppo lunghe o troppo complesse. Molti dei concetti e delle funzioni che abbiamo analizzato sono uguali o simili in altri database infatti puoi usarle con DB2, PostgreSQL e tanti altri. Dovresti avere una chiara comprensione di quali siano le parole chiave, come e quali dati possono essere memorizzati, come strutturare un database e come recuperare informazioni utili da esso. Hai incontrato dei problemi o MySQL ti restituisce degli errori? Non scoraggiarti, spesso si tratta di errori di sintassi quindi basterà consultare la documentazione ufficiale per risolvere il problema. Se imposti le tue query su più righe ti basterà leggere bene il messaggio di MySQL per notare su quale riga si trova l'errore. Non sarai mai immune da errori di sintassi o errori logici, ma acquisendo più esperienza con MySQL, imparerai come evitare molti problemi. Fondamentalmente, gli errori possono essere eccellenti opportunità di apprendimento infatti "sbagliando s'impara".

JavaScript

Premessa

A causa della sua prevalenza sul Web e a causa della proliferazione di framework basati su di esso, JavaScript ormai è diventato difficile da evitare. Ogni programmatore Web ha letto almeno una volta nella sua vita del codice scritto in JavaScript dato che si tratta di un linguaggio abbastanza maturo e molto usato.

A partire dal 1995 JavaScript si è rivelato sempre più necessario per la programmazione Web, soprattutto per la creazione e per modificare siti Web, motivo per cui è stato inventato. Il creatore di JavaScript, Brendan Eich, non ha avuto altra scelta che creare il linguaggio molto rapidamente dato che Netscape avrebbe potuto adottare altre tecnologie. A tal proposito ha dovuto prendere in prestito delle parti da diversi linguaggi di programmazione: da Java ha preso la sintassi ed i valori primitivi, da Perl e Python ha preso in prestito le stringhe, gli array e le espressioni regolari, il resto, probabilmente, è simile in qualche altro linguaggio.

Da un lato, JavaScript contiene delle stranezze ed è carente o quantomeno confusionario su alcune funzionalità. Basti dire che in JavaScript:

```
"11" - 1 = 10;
"11" + 1 = "111";
```

D'altra parte, stiamo parlando di un linguaggio potente e flessibile, con funzionalità che consentono di aggirare facilmente questi problemi. Si tratta di problemi noti e che ECMA International cerca di arginare con i suoi standard. Date le sue influenze, non sorprende che JavaScript abbia uno stile di programmazione che è un mix tra programmazione funzionale (funzioni di ordine superiore; funzioni di map e reduce ecc.) e programmazione orientata agli oggetti.

ECMAScript è il nome ufficiale per JavaScript. Per l'uso comune, si applicano le seguenti regole:

- JavaScript indica il linguaggio di programmazione;
- ECMAScript è il nome utilizzato dalla specifica del linguaggio, pertanto, ogni volta che si fa riferimento alle versioni del linguaggio, ci si riferisce a ECMAScript. Le versioni di ECMAScript sono in continuo sviluppo pertanto in ogni versione potrai trovare qualche novità.

Probabilmente ti starai chiedendo dove scrivere il tuo codice JavaScript, puoi aprire la console dedicata agli sviluppatori in qualsiasi browser recente premendo il tasto F12 o, in alternativa, puoi creare una pagina Web con un file HTML che include un file con estensione *.js* dove potrai scrivere il tuo codice JavaScript.

Capitolo 1
Sintassi

Per capire la sintassi di JavaScript, dovresti sapere che ha due principali categorie sintattiche: le **dichiarazioni** e le **espressioni**. Le dichiarazioni sono delle istruzioni quindi un programma è una sequenza di istruzioni. Le espressioni, invece, producono dei valori e sono gli argomenti delle funzioni, ad esempio, una condizione da valutare ecc. Un esempio di dichiarazione è la creazione di una variabile:

```
var test;
```

Un'espressione, invece, è qualcosa di simile:

```
1,74 * 23
```

La differenza tra dichiarazioni ed espressioni è molto più comprensibile dal fatto che JavaScript ha due modi diversi per il costrutto *if-then-else* infatti puoi usare un'espressione in questo modo:

```javascript
var confronto = test >= 0 ? test : 'Valore negativo';
```

In alternativa puoi usare una dichiarazione:

```javascript
var confronto;
if (test >= 0) {
    confronto = test;
} else {
    confronto = 'Valore negativo';
}
```

Avrai notato che ogni riga termina con un punto e virgola, tuttavia, i punti e virgola sono facoltativi in JavaScript per indicare la fine di una dichiarazione. Tuttavia, ti consiglio di includerli sempre nel tuo codice, perché altrimenti l'interprete JavaScript potrebbe valutare in modo errato la fine di un'istruzione, dando vita ad errori. Il punto e virgola termina le istruzioni, ma non i blocchi. Esiste un solo caso in cui vedrai un punto e virgola dopo un blocco: la dichiarazione di una funzione è un'espressione che termina con un blocco. Se tale espressione si trova per ultima in un programma, allora è seguita da un punto e virgola:

```
var laMiaFunzione = function () {...};
```

JavaScript mette a disposizione due tipi di commenti: a riga singola e multi-riga. I commenti a riga singola iniziano con // e terminano alla fine della riga mentre i commenti multi-riga iniziano con /* e terminano con */:

// Commento su singola riga

/* Commento
su più
righe */

Le variabili

Solitamente le variabili vengono dichiarate prima di essere usate e, se necessario, possono essere inizializzate al momento della dichiarazione:

var confronto = 21;

Se hai già dichiarato una variabile puoi cambiarne il valore assegnato o il tipo, ad esempio, la variabile appena dichiarata potrebbe assumere come valore un numero diverso o addirittura una stringa senza alcun problema.

```
// Tutte assegnazioni valide
confronto = true;
confronto = 50;
confronto = 'OK';
```

Esistono diversi operatori composti che operano sulle variabili dichiarate nel tuo programma, ad esempio, += ti consente di aggiungere un valore alla tua variabile. Allo stesso modo -=, *=, /= ti consentono rispettivamente di sottrarre, moltiplicare o dividere il valore della tua variabile.

```
var variabile = 10;
variabile += 10;
// -> 20
```

```
variabile -= 5;
```

```
// -> 15
```

```
variabile *= 2;
// -> 30
```

```
variabile /= 3;
// -> 10
```

```
variabile++;
// -> 11
```

```
variabile--;
// -> 10
```

Oltre agli operatori già descritti abbiamo aggiunto l'operatore ++ e — che consentono rispettivamente di incrementare e decrementare il valore della variabile di una unità.

Ma è possibile denominare una variabile a proprio piacere? Ni. Gli identificatori sono dei nomi che svolgono vari ruoli sintattici in JavaScript. Ad esempio, il nome di una variabile è un identificatore e vi è una distinzione tra maiuscole e minuscole. Il primo carattere di un identificatore può essere qualsiasi lettera Unicode, il simbolo del dollaro ($) o un trattino basso (_). I caratteri successivi, inoltre, possono includere qualsiasi cifra Unicode. Alla luce di ciò, i seguenti sono tutti identificatori validi:

temp0
_test
$variabile

Tuttavia, come in ogni linguaggio di programmazione, esistono delle parole chiave che non possono essere usate come nomi di variabili:

arguments	break	case	catch	class
const	continue	debugger	default	delete
do	else	enum	export	extends
false	finally	for	function	if
implements	import	in	instanceof	interface
let	new	null	package	private
protected	public	return	static	super
switch	this	throw	true	try
typeof	var	void	while	

Capitolo 2
Valori

JavaScript dispone dei classici valori che ci aspettiamo dai linguaggi di programmazione: valori booleani (vero o falso), numeri, stringhe, array e così via. Tutti i valori in JavaScript hanno delle proprietà e ogni proprietà ha una chiave (un nome) e un valore. Puoi pensare alle proprietà come ai campi di un record e per accedervi si utilizza l'operatore punto (.). Le stringhe, ad esempio, dispongono della proprietà length pertanto potremo accedere a tale proprietà della stringa OK come segue:

```
var stringa = 'OK';
stringa.length;
// -> 2
```

JavaScript esegue una distinzione in qualche modo arbitraria tra i valori infatti i valori primitivi sono i booleani, i numeri, le stringhe e i valori null e undefined mentre tutti gli altri valori sono oggetti.

Una grande differenza tra valori primitivi ed oggetti consiste nel modo in cui vengono confrontati; ogni oggetto ha un'identità unica ed è rigorosamente uguale a sé stesso:

```javascript
var oggetto1 = {}; // oggetto vuoto
var oggetto2 = {}; // un altro oggetto vuoto
oggetto1 === oggetto2;
// -> false
oggetto1 === oggetto1;
// -> true
```

Al contrario, tutti i valori primitivi che racchiudono lo stesso valore sono considerati uguali:

```
var variabile1 = 110;
var variabile2 = 110;
variabile1 === variabile2
// -> true
```

I valori primitivi sono detti **immutabili** poiché le proprietà non possono essere aggiunte, modificate o rimosse. Possiamo provare, infatti, a modificare la lunghezza della proprietà length senza modificare la stringa e vedremo che non ci sarà alcun effetto:

```
var stringa = 'OK';
stringa.length;
// -> 2
stringa.length = 5;
stringa.length;
// -> 2
```

Gli oggetti, cioè tutti i valori non primitivi, sono **mutabili** e si dividono in oggetti semplici, array ed espressioni regolari.

Gli oggetti semplici sono composti da proprietà a cui è associato un valore, gli array sono sequenze di valori primitivi o di altri oggetti mentre le espressioni regolari servono per identificare un pattern all'interno di una stringa.

```javascript
// Oggetto semplice
var oggetto = {
    prop1: valore1,
    prop2: valore2
};


// Array
var arr = [1, 5, 10, 15];


// Espressione regolare che cerca dei numeri
var reg = /[0-9]+/;
```

La maggior parte dei linguaggi di programmazione ha dei valori che indicano la mancanza di informazioni. JavaScript dispone di undefined e null: undefined significa "nessun valore" mentre null indica "nessun oggetto". Le variabili che vengono definite ma non inizializzate, ad esempio, sono undefined:

```javascript
var test;
test;
// -> undefined
```

Allo stesso modo sono undefined le funzioni o proprietà di un oggetto che non sono mai state dichiarate:

```javascript
var persona = {};
persona.cammina();
// -> undefined
```

Il valore null, invece, può essere inteso come sinonimo di undefined ma è usato principalmente quando ci si aspetta un oggetto, ad esempio, un parametro di una funzione.

Entrambi i valori, tuttavia, sono considerati come il booleano false perché effettivamente non hanno un valore significativo quindi nelle tue funzioni puoi controllare che un parametro sia diverso da undefined e da null usando l'operatore not (!):

```
if (!variabile) {
    // comandi da eseguire
}
```

Esistono due operatori per classificare i valori: typeof viene utilizzato principalmente per i valori primitivi, instanceof viene utilizzato per gli oggetti. typeof precede la variabile da interrogare mentre instanceof si pone tra la variabile da interrogare e il tipo di oggetto con cui effettuare il confronto:

typeof variabile;
variabile **instanceof** TipoOggetto;

Di seguito vediamo quali sono i valori restituiti da typeof:

Operando	Risultato
undefined	'undefined'
null	'object'
Valore booleano	'boolean'
Valore numerico	'number'
Stringa	'string'
Funzione	'function'

Operando	Risultato
Tutti gli altri	'object'

instanceof, invece, restituisce soltanto true o false in base al confronto:

[] **instanceof** Array

// -> true

{} **instanceof** Object

// -> true

[] **instanceof** Object // Array deriva da Object

// -> true

null **instanceof** Object

// -> false

undefined **instanceof** Object

// -> false

Booleani

Il tipo primitivo boolean comprende i valori true e false. I seguenti operatori producono valori booleani:

- Operatori logici binari: && (and), || (or)
- Prefisso operatore logico: ! (not)
- Operatori di uguaglianza: ===, ! ==, ==, !=
- Operatori di confronto (per stringhe e numeri): >, >=, <, <=

Ogni volta che JavaScript prevede un valore booleano (ad es. per valutare la condizione di un'istruzione if), è possibile utilizzare qualsiasi operatore tra quelli elencati. L'interprete JavaScript si occuperà di valutare l'espressione come vera o falsa.

Esistono, tuttavia, dei valori che sono interpretati come falsi: undefined, null, il numero 0, il valore NaN e la stringa vuota ''.

Tutti gli altri valori (compresi tutti gli oggetti) sono considerati veri. La funzione Boolean(parametro) converte il suo parametro in input in un booleano. Puoi usarlo per testare come viene interpretato un valore dall'interprete JavaScript:

```javascript
Boolean(0);
// -> false


Boolean(5);
// -> true


Boolean(undefined);
// -> false
```

Durante la creazione del tuo codice spesso dovrai usare gli operatori logici and, or o not per aggiungere delle condizioni al tuo codice. L'operatore and restituisce vero se entrambe le espressioni, alla sua sinistra e alla sua destra, sono vere, restituisce falso altrimenti. L'operatore or restituisce vero se almeno una delle due condizioni è vera, falso altrimenti mentre not si limita ad invertire il valore da vero a falso e viceversa.

Gli operatori logici binari in JavaScript valutano inizialmente la prima espressione e, se è sufficiente per determinare il risultato, la seconda non viene valutata. Ad esempio, nelle seguenti espressioni, la funzione verificaForm() non viene mai invocata:

```
false && verificaForm()
true  || verificaForm()
```

JavaScript dispone di due modi per verificare l'uguaglianza, avrai notato che è possibile usare == o ===. L'operatore di uguaglianza in senso stretto (===) si comporta in modo identico all'operatore di uguaglianza (==) tranne per il fatto che non viene effettuata alcuna conversione di tipo e i tipi devono essere gli stessi per essere considerati uguali. L'operatore == confronterà l'uguaglianza dopo aver effettuato le opportune conversioni di tipo. L'operatore === non eseguirà la conversione, quindi se due valori non sono dello stesso tipo, restituirà false.

Numeri

In JavaScript, tutti i numeri sono in virgola mobile quindi è verificata la seguente uguaglianza:

```
5 === 5.0
// -> true
```

Esistono anche valori speciali come NaN e Infinity, il primo si ottiene, ad esempio, quando si tenta di convertire in numero una stringa mentre il secondo è più grande di qualsiasi altro numero (tranne NaN). Allo stesso modo, -Infinity è più piccolo di qualsiasi altro numero (tranne NaN).

Stringhe

Le stringhe possono essere create direttamente con virgolette singole (') o doppie (") ed includendo il testo della stringa. La barra rovesciata (\) indica dei caratteri speciali ed è utile per i caratteri di controllo. Ecco alcuni esempi:

'pippo'
"test"

'Mi piace JS'
'anche se non l\'ho mai usato prima'

'Riga 1\nRiga 2' // \n indica una nuova riga
'Backslash: \\'

È possibile accedere ai singoli caratteri delle stringhe tramite le parentesi quadrate, ad esempio, per accedere al terzo carattere della stringa pippo useremo:

```js
var stringa = 'pippo';
str[2];
// -> p
```

Come tutti tipi i primitivi anche le stringhe sono immutabili; è necessario creare una nuova stringa per cambiarne una esistente.

Le stringhe possiedono il metodo length per accedere alla lunghezza della stringa stessa mentre per concatenare due stringhe è possibile usare il segno +.

```
var str = '';
str += 'Questa ';
str += 'è ';
str += 'una stringa ';
str += 'concatenata.';
str;
// -> 'Questa è una stringa concatenata.'
```

Vediamo qualche metodo delle stringhe che può tornarci utile in seguito. Quando è necessario estrarre una parte di una stringa, il metodo slice(inizio, fine) può rivelarsi molto utile:

```
'pippo'.slice(2);
// -> 'ppo'
```

```
'pippo'.slice(1, 2);
// -> 'i'
```

```
'pippo'.slice(-3);
// -> 'ppo'
```

Il metodo split(separatore, limite), invece, estrae le sottostringhe che sono delimitate da un separatore e le restituisce sottoforma di array. Il metodo ha due parametri:

- separatore: una stringa o un'espressione regolare. Se manca, viene restituita la stringa completa, racchiusa in un array.

- limite: se indicato, l'array restituito contiene al massimo limite numero di elementi.

```
'a,  b,c, d'.split(','); // divido usando la virgola
// -> [ 'a', ' b', 'c', ' d' ]


'a,  b,c, d'.split(/,/) // espressione regolare
// -> [ 'a', ' b', 'c', ' d' ]


'a,  b,c, d'.split(/, */, 2) // imposto un limite
// -> [ 'a', 'b' ]


'test'.split() // non fornisco parametri
// -> [ 'test' ]
```

Esiste un metodo nativo per eliminare tutti gli spazi bianchi ad inizio e fine stringa ed è denominato trim() così come puoi rendere i caratteri di una stringa tutti maiuscoli o tutti minuscoli rispettivamente con toLowerCase() e toUpperCase():

```
'    ci sono spazi bianchi  '.trim();
// -> ci sono spazi bianchi


'Mi piace JavaScript'.toLowerCase();
// -> mi piace javascript


'Mi piace JavaScript'.toUpperCase();
// -> MI PIACE JAVASCRIPT
```

Infine, ma non meno importante, puoi usare indexOf(stringaDaCercare, posizione) per trovare una stringa all'interno di un'altra. Il valore predefinito della posizione di partenza è 0 e restituisce la prima posizione in cui è stata trovata la stringaDaCercare o -1 se non è stata trovata:

```
'pippo'.indexOf('i');
```

```
// -> 1
```

```
'pippo'.indexOf('p');
// -> 0
```

In questo caso la lettera p appare più volte ma
il metodo restituisce solo la prima occorrenza
ovvero la posizione 0.

Capitolo 3
Condizioni e cicli

Condizione IF

Supponiamo di creare un'app per un quiz quindi vogliamo creare un messaggio che chieda all'utente: "Dove vive il Papa?". Se l'utente risponde correttamente, viene visualizzato un messaggio con le congratulazioni altrimenti viene mostrato un messaggio di errore. Questo è il codice:

```javascript
var risposta = prompt("Dove vive il Papa?");
if (risposta === "Vaticano") {
 alert("Corretto, bravo!");
}
```

Se l'utente inserisce "Vaticano" nel campo dedicato all'input, viene visualizzato il messaggio di congratulazioni, se scrive qualcos'altro, non succede nulla. Analizziamo cosa succede. Un'istruzione if è un'istruzione decisionale e ti consente di eseguire azioni in base al valore delle variabili. In questo caso si testa la variabile a cui è stata assegnata la risposta dell'utente e se ha un valore pari alla stringa "Vaticano" la condizione è vera, quindi si esegue un'azione. Potrebbe essere eseguito un qualsiasi numero di istruzioni ma in questo caso, viene eseguita una sola istruzione: visualizzando un messaggio con le congratulazioni. La prima riga di un'istruzione if termina con una parentesi graffa aperta. Ogni istruzione in JavaScript deve terminare con un punto e virgola (;) ma questa è un'eccezione alla regola. È comune omettere il punto e virgola ma è consigliato perchè l'interprete JavaScript potrebbe valutare in modo errato una condizione a seguito della mancanza del punto e virgola, ciò creerebbe diversi problemi nell'esecuzione del programma.

Un altro aspetto importante da tenere a mente se stai confrontando una variabile è che non puoi utilizzare il segno uguale (=). Spesso si dimentica questa regola e si utilizza un segno uguale quando si dovrebbe usare il segno di uguaglianza in senso stretto (===) pertanto il codice non viene eseguito correttamente.

```
/* Errato, stiamo assegnando
 Vaticano a risposta
*/
if (risposta = 'Vaticano') {
 alert("Corretto, bravo!");
}


/* Corretto, stiamo valutando
```

```javascript
 la variabile
*/
if (risposta === 'Vaticano') {
 alert("Corretto, bravo!");
}
```

Alcuni programmatori scrivono istruzioni if senza parentesi graffe, sia chiaro che è consentito. Trovo più semplice non dover prendere decisioni caso per caso, quindi, una volta scelto il tuo stile di programmazione, formatta tutte le istruzioni if nello stesso modo. Puoi scegliere di scrivere tutto su una riga o su più righe così come sei libero di usare o non usare le parentesi.

Condizione IF...ELSE

Nel caso precedente se la condizione non è verificata non succede nulla. Sarebbe utile mostrare un messaggio di errore all'utente nel caso in cui la risposta fosse sbagliata. Potremmo usare un costrutto simile negando la condizione ma sarebbe poco elegante. È consigliato usare il costrutto if...else che copre tutti i casi senza che il programmatore abbia l'onere di negare le condizioni dell'if infatti tali condizioni potrebbero essere complesse. Questo ti potrebbe far inciampare in errori.

```javascript
if (risposta === 'Vaticano') {
 alert("Corretto, bravo!");
} else {
 alert("Risposta sbagliata!"); }
```

Con questo costrutto non ci facciamo carico di negare la condizione ma lo fa JavaScript per noi. Esiste, tuttavia, l'**operatore ternario** che esegue lo stesso tipo di valutazione:

```javascript
alert(risposta === 'Vaticano' ? "Corretto, bravo!" : "Risposta sbagliata!");
```

La parte prima del punto interrogativo è la condizione da valutare e, se vera, viene eseguita l'azione descritta tra il punto interrogativo e i due punti. In caso contrario verrà eseguita l'azione dopo i due punti e che corrisponde al blocco else.

È possibile testare ulteriori condizioni in questo modo con il costrutto else...if:

```javascript
if (risposta === 'Vaticano') {
 alert("Corretto, bravo!");
} else if (risposta === 'Roma') {
 alert("Sii più specifico!");
} else {
 alert("Risposta sbagliata!");
}
```

Ci sono così tanti modi per formattare questi costrutti dato che la gamma di possibilità è quasi infinita. L'essenziale è che lo stile di programmazione adottato sia facile da leggere, coerente ed induca all'errore il meno possibile.

Usando l'istruzione if, hai imparato a verificare una sola condizione ma supponiamo che si debbano soddisfare due condizioni affinché un test abbia successo. Ad esempio, se vogliamo che anche la risposta 'Il Vaticano' sia accettata possiamo testare una combinazione di condizioni in JavaScript usando gli operatori logici AND (&&) e OR (||).

```javascript
if (risposta === 'Vaticano' || risposta === 'Il Vaticano') {
  alert("Corretto, bravo!");
} else if (risposta === 'Roma') {
  alert("Sii più specifico!");
} else {
  alert("Risposta sbagliata!");
}
```

Puoi utilizzare gli operatori logici come preferisci per aggiungere altre condizioni o modificarle. Per migliorare la leggibilità del codice, tuttavia, consiglio di strutturare bene il codice e limitare l'uso di operatori logici, creando delle funzioni.

IF innestati

È possibile innestare più blocchi if, se necessario. In questo modo le clausole innestate saranno in AND con le clausole più esterne. Di seguito esiste solo un blocco innestato:

```
if (risposta) {
 if (risposta === 'Vaticano') {
  alert("Corretto, bravo!");
 }
}
```

Se la condizione testata dal livello superiore if - ovvero risposta è valorizzata in qualche modo - è falsa, nessun blocco di codice all'interno della clausola verrà eseguito. La parentesi graffa aperta sulla linea 1 e la parentesi graffa chiusa sull'ultima linea racchiudono tutto il codice nidificato. Per leggibilità, un livello innestato può essere indentato di 2 spazi rispetto al livello precedente. Questo è un semplice esempio ma quando le cose si fanno davvero complicate, gli if annidati sono un ottimo modo per scrivere del codice più articolato.

Ciclo FOR

Il ciclo for offre un modo conciso, compatto e rapido per iterare su una collezione di elementi o su un array. Consideriamo questo ciclo:

```javascript
for (var i = 0; i <= 4; i++) {
 if (i === 4) {
  alert("Sto valutando l'ultimo elemento");
 }
}
```

Analizzando questo codice possiamo notare che la prima riga contiene la parola chiave for e poi sono definite tre espressioni.

Nella prima espressione viene dichiarata una variabile che conta le iterazioni e viene impostata su un valore iniziale, in questo caso 0. Nella seconda espressione viene definito il limite sul ciclo infatti deve continuare fino a quando il contatore non supera 4. Poiché il contatore, in questo caso, inizia da 0, il ciclo verrà eseguito 5 volte.

Cosa succede al contatore alla fine di ogni ciclo? In questo caso, il contatore viene incrementato ogni volta. Le tre specifiche tra parentesi sono sempre nello stesso ordine:

1. Dichiarazione ed inizializzazione del contatore (di solito chiamato i)
2. Quanti cicli eseguire
3. Come modificare il contatore dopo ogni iterazione (in genere viene incrementato di 1 unità ad ogni iterazione)

Puoi usare qualsiasi nome consentito in JavaScript per denominare il tuo contatore, per convenienza si usa i che è l'abbreviazione di indice. I programmatori, di solito, usano i anche perché mantiene compatta la prima riga del ciclo. Nell'esempio, il contatore è inizializzato a 0 ma potrebbe essere un qualsiasi numero, a seconda delle tue esigenze.

Nell'esempio, il contatore aumenta con ogni iterazione. Ma, a seconda delle tue esigenze, puoi ridurlo, aumentarlo di 2 unità o modificarlo in qualche altro modo ad ogni iterazione. Nell'esempio specifico, il ciclo deve essere eseguito fino a quando i è minore o uguale a 4. In alternativa, avrei potuto specificare i < 5 ma, ad ogni modo, poiché il contatore inizia da 0, il ciclo viene eseguito 5 volte.

Modifichiamo il ciclo in modo che inizi da 5 e termini quando i è minore o uguale a 10, lasciando il resto invariato:

```javascript
for (var i = 5; i <= 10; i++) {
 if (i === 4) {
  alert("Sto valutando l'ultimo elemento");
 }
}
```

Talvolta può essere utile scoprire se una condizione all'interno di un ciclo è stata eseguita. In questo caso la condizione if non sarà mai vera però possiamo esserne certi impostando un flag. Il flag sarà modificato solo se la condizione è verificata:

```javascript
var flag = 'non eseguito';


for (var i = 5; i <= 10; i++) {
 if (i === 4) {
  alert("Sto valutando il penultimo elemento");
  flag = 'eseguito';
 }
}


alert(flag);
// -> 'non eseguito'
```

Questo è un esempio banale ma, se applicato a contesti più complessi, è un ottimo stratagemma per verificare l'esecuzione di un blocco if.

Possiamo migliorare l'esempio se, al posto di una stringa, usassimo un valore booleano come true o false. L'esempio diventerebbe più chiaro:

```javascript
var eseguito = false;


for (var i = 5; i <= 10; i++) {
 if (i === 4) {
  alert("Sto valutando il penultimo elemento");
  eseguito = true;
 }
}


alert(flag);
// -> false
```

Modifichiamo un po' il nostro esempio per consentirci di affrontare un altro problema. Come sappiamo, le risorse sono preziose pertanto bisogna evitare lo spreco di cicli di calcolo. Supponiamo che il contatore venga inizializzato a 0 e il ciclo si interrompa quando il contatore è maggiore di 200.

```javascript
var eseguito = false;


for (var i = 0; i <= 200; i++) {
 if (i === 4) {
  alert("Sto valutando il quinto elemento");
  eseguito = true;
 }
}


alert(flag);
// -> true
```

Poco dopo l'avvio del programma viene trovata una corrispondenza e viene visualizzato l'avviso. Nel modo in cui è stato scritto il ciclo, esso continua a valutare tutti i casi fino alla fine ma noi siamo interessati solo al quinto elemento. Tutti i cicli dal sesto elemento in poi non sono necessari, poiché abbiamo già ottenuto la nostra risposta. Il problema viene risolto con la parola chiave break.

```javascript
var eseguito = false;


for (var i = 0; i <= 200; i++) {
 if (i === 4) {
  alert("Sto valutando il quinto elemento");
  eseguito = true;
  break;
 }
}
```

```javascript
alert(flag);
// -> true
```

In questo caso dopo aver valutato il quinto elemento si uscirà dal ciclo senza sprecare preziose risorse, che possono essere impiegate per altri task.

Puoi innestare due cicli for e questo meccanismo è utile, ad esempio, per popolare delle matrici:

```javascript
var matrice = [];
```

```javascript
for (var i = 0; i < 5; i++) {
 matrice[i] = [];
 for (var j = 0; j < 5; j++) {
    matrice[i][j] = 0;
 }
}
```

```javascript
alert(JSON.stringify(matrice));
// ->
[[0,0,0,0,0],[0,0,0,0,0],[0,0,0,0,0],[0,0,0,0,0],[0
,0,0,0,0]]
```

Come vedi abbiamo dichiarato e valorizzato una matrice quadrata di dimensioni 5x5. Il valore inserito per l'inizializzazione è 0 ma potrebbe essere un qualsiasi altro valore.

Ecco alcune considerazioni riguardo i cicli innestati: il ciclo interno esegue un ciclo completo di iterazioni su ogni iterazione del ciclo esterno. Se il contatore del ciclo esterno è i e il contatore del ciclo interno è j, j eseguirà il ciclo da 0 fino a 4 mentre i è fermo a 0. Quindi i verrà incrementato di 1 unità, j eseguirà lo stesso ciclo su di nuovo tutti i suoi valori. Puoi pensare ai cicli innestati come un orologio infatti il ciclo esterno è la lancetta dei minuti di un orologio mentre il ciclo interno è la lancetta dei secondi. Puoi avere tutti più cicli innestati, tuttavia, per motivi di performance non è consigliato innestare più di due cicli.

PS: il metodo JSON.stringify() ti consente di avere una stringa pronta per essere scritta su file.

While

Se il ciclo for ti è sembrato troppo difficile da usare o troppo complesso da ricordare sicuramente il ciclo while ti piacerà. Un ciclo while ha lo stesso compito di un ciclo for, ma è organizzato in modo diverso. Solo il termine intermedio del ciclo for viene specificato tra parentesi ovvero per quanto tempo durerà il ciclo. Il contatore viene definito prima della prima riga del blocco while e viene aggiornato all'interno del codice eseguito durante l'esecuzione del ciclo.

L'ultimo esempio, quindi, diventa:

```javascript
var matrice = [];
var i = 0;

while (i < 5) {
 matrice[i] = [];
 j = 0;
 while (j < 5) {
    matrice[i][j] = 0;
    j++;
 }
 i++;
}

alert(JSON.stringify(matrice));
// ->
[[0,0,0,0,0],[0,0,0,0,0],[0,0,0,0,0],[0,0,0,0,0],[0,0,0,0,0]]
```

Si tratta sempre di due cicli innestati e il risultato sarà uguale, come vedi, cambia soltanto la sintassi. In sostanza, un ciclo while è organizzato esattamente come un ciclo for. Le parentesi racchiudono la condizione del ciclo mentre le parentesi graffe racchiudono il codice che viene eseguito durante il ciclo. Poiché qualsiasi ciclo for può essere tradotto in un ciclo while e viceversa, puoi usare quello che preferisci visto che sono equivalenti.

Do...While

Un altro costrutto utile è il do...while che consente di eseguire delle operazioni nel blocco do e, successivamente, ripeterle proprio come il costrutto while. La clausola while in questo costrutto, inclusa l'espressione di limitazione del ciclo all'interno delle parentesi, si sposta in basso, dopo la parentesi graffa del blocco do. Si noti che la clausola while termina con un punto e virgola. Dal punto di vista funzionale, la differenza tra un ciclo while e un ciclo do... while consiste nella possibilità di codificare un'istruzione while il cui blocco di istruzioni non viene mai eseguito. Considera questo ciclo while:

```
var i = 0;
while (i < 0) {
 alert(i);
 i++;
}
```

Il codice impone di continuare a mostrare un avviso fino a quando il contatore i è inferiore a 0. Poiché il contatore non è mai inferiore a 0, il codice all'interno delle parentesi graffe non viene mai eseguito. Confronta questo con il ciclo do... while:

```javascript
var i = 0;
do {
 alert(i);
 i++;
} while (i < 0);
```

In questo caso l'avviso verrà visualizzato una volta, anche se la condizione "i inferiore a 0", non si verifica mai. Poiché un ciclo do...while esegue il codice all'interno delle parentesi graffe prima di raggiungere la condizione del ciclo nella parte inferiore, eseguirà sempre quel blocco di istruzioni almeno una volta, indipendentemente dalla condizione del while.

Capitolo 4
Funzioni

Una funzione è un blocco di codice JavaScript che automatizza ripetutamente un comportamento ogni volta che invochi il suo nome. Questo ti consente di non ripetere il tuo codice rendendolo più facile da capire. Sul tuo sito Web, supponi che ci siano diverse pagine in cui desideri visualizzare un avviso che indica all'utente l'ora corrente, il codice potrebbe apparire come il seguente:

```javascript
var adesso = new Date();
var ore = adesso.getHours();
var minuti = adesso.getMinutes();
alert("Sono le " + ore + ":" + minuti);
```

Puoi scrivere questo blocco di codice più e più volte, ogni volta che ne hai bisogno oppure potresti scriverlo una sola volta come funzione, rinominandolo, ad esempio, mostraOrario. Dopodiché, questo è l'unico codice di cui hai bisogno per eseguire l'intero blocco:

```
mostraOrario();
```

Ogni volta che JavaScript troverà questa breve affermazione, verrà eseguito il blocco per mostrare l'orario. Ecco come impacchettare il codice per una funzione riusabile:

```
function mostraOrario () {
 var adesso = new Date();
 var ore = adesso.getHours();
 var minuti = adesso.getMinutes();
 alert("Sono le " + ore + ":" + minuti);
```

}

Il codice per mostrare l'orario, ovvero il codice che crea un oggetto con Date, estrae l'ora, lo formatta e visualizza un avviso, è esattamente lo stesso codice con cui abbiamo iniziato, ma ora è impacchettato come una funzione.

Alla riga 1 la dichiarazione di una funzione include:

- la parola chiave function
- un nome inventato per la funzione
- parentesi che la identificano come una funzione e che contengono eventuali parametri
- una parentesi graffa aperta e, alla fine, una chiusa per racchiudere il codice che verrà eseguito

All'interno delle parentesi viene eseguito lo stesso blocco di codice che hai usato all'inizio ma è indentato per favorire la leggibilità del codice. Le opinioni su quanto indentare sono discordanti, alcuni ritengono utili gli spazi altri il carattere TAB. Di solito si usa un solo TAB o 2 spazi.

Ancora una volta, nota che il codice chiamante ovvero il codice che invoca la funzione, non fa altro che indicare il nome della funzione, comprese le parentesi.

```
mostraOrario();
```

È possibile assegnare ad una funzione un qualsiasi nome purché sia un nome di variabile consentito in JavaScript, quindi aggiungi le parentesi con gli eventuali parametri da passare alla funzione. La denominazione delle funzioni segue le stesse regole della denominazione delle variabili perché, tecnicamente, una funzione è una variabile. Le funzioni e le istruzioni che le invocano possono essere separate da migliaia di righe di codice ma, in genere, le funzioni si trovano nello stesso file del codice principale, in un file JavaScript esterno, alla fine della sezione del body HTML o nella sezione head di HTML. Di solito, tutte le funzioni dovrebbero precedere il codice in cui sono invocate in modo che quando vengono chiamate dal codice principale, sono già caricate in memoria e pronte per l'uso.

Uso dei parametri

Una delle cose veramente utili sulle funzioni è che le parentesi nel codice chiamante non devono necessariamente essere vuote. Se si inseriscono alcuni dati tra parentesi, è possibile passare tali dati alla funzione, questi dati verranno utilizzati durante l'esecuzione. Supponiamo, di creare una funzione salutaUtente che saluta l'utente dopo aver effettuato il login alla nostra applicazione.

Ci basterà scrivere salutaUtente(nomeUtente); per passare il valore della variabile nomeUtente alla funzione. In questo caso, invece di invocare semplicemente la funzione, la stai invocando e le passi i dati. La stringa tra parentesi, cioè i dati che stai passando, è chiamata **argomento**. La funzione ora è più versatile, perché il messaggio che visualizza non è più uguale per tutti ma dipende da una variabile.

Puoi anche creare una funzione più astratta che visualizza un messaggio passato in input. Questa funzione visualizzerebbe qualsiasi messaggio che gli passi dal codice chiamante, tramite l'argomento. Per fare ciò, è necessario configurare la funzione per ricevere i dati che si stanno trasmettendo. Ecco come è possibile farlo:

```javascript
function salutaUtente(nome) {
    alert('Ciao, ' + nome);
}
```

Adesso che abbiamo riempito le parentesi in fase di definizione della funzione, è possibile invocarla in due modi:

```javascript
salutaUtente('Antonio');
```

oppure

```javascript
var nomeUtente = 'Antonio';
salutaUtente(nomeUtente);
```

Le parentesi del codice chiamante contengono un argomento. Negli esempi puoi vedere che nel primo caso l'argomento è una stringa mentre nel secondo caso si tratta di una variabile. Una variabile tra le parentesi in una dichiarazione di funzione è nota come **parametro**. Il nome del parametro dipende da te infatti puoi assegnargli qualsiasi nome purché valido per una variabile. Non è necessario dichiarare una variabile quando viene utilizzata come parametro nella definizione di una funzione ma è molto consigliato.

Il parametro tra parentesi nella definizione della funzione "cattura" i dati passati alla funzione stessa. In altre parole, la stringa "Antonio", specificata nella chiamata alla funzione, viene assegnata a nomeUtente nella funzione perciò quella variabile viene utilizzata per personalizzare il messaggio da visualizzare.

In fase di definizione di una funzione devi assicurarti che il nome del parametro sia esattamente uguale al nome utilizzato nella funzione alert() altrimenti il risultato sarà Ciao, undefined.

Quando invochi la funzione, invece, puoi usare un qualsiasi nome per la variabile che passi come argomento. In tal caso, anche se il nome è diverso da quello definito nella funzione, quest'ultima catturerà il valore della variabile.

È possibile passare un numero qualsiasi di argomenti ad una funzione, purché separati da virgole. JavaScript abbina argomenti e parametri in base al loro ordine con cui sono stati specificati e non in base ai loro nomi. Il primo argomento nell'elenco viene passato al primo parametro nell'elenco, il secondo argomento viene passato al secondo parametro e così via. Come argomenti, puoi utilizzare qualsiasi combinazione di variabili, stringhe e numeri. Nell'esempio seguente, il codice chiamante passa una variabile, una stringa e un numero alla funzione. Viene catturato il valore di questi tre parametri e la funzione li concatena per creare un messaggio di avviso:

```
function mostraAccesso(nome, stringa, numero);
 alert('Ciao, ' + nome + stringa + num);
}
```

Quindi invochiamo la funzione come segue:

```
var nomeUtente = 'Antonio';
mostraAccesso(nomeUtente, '. Questo è il tuo accesso n. ', 1);
```

L'argomento nomeUtente, che è una variabile, viene passato al parametro nome. La stringa che indica il numero dell'accesso viene passata al parametro stringa. L'argomento 1, che è un numero, viene passato al parametro numero. Quando il codice viene eseguito, verrà visualizzato un avviso che recita "Ciao, Antonio. Questo è il tuo accesso n. 1".

Di solito, tutti i parametri inclusi nella definizione della funzione sono usati nell'invocazione, altrimenti perché definirli? In realtà devi sapere che puoi definirli ma non sei obbligato ad usarli tutti.

Restituire un valore

Come appreso nell'ultimo capitolo, una funzione diventa più interessante quando si passano i dati ad essa in modo da poter creare un compito personalizzato. Ma una funzione può fare ancora di più infatti può restituire i dati elaborati al codice che ha invocato la funzione. Supponiamo che addebiti una tariffa di spedizione minima di 5€, più il 3 percento del totale della merce superiore a 50€, fino a 100€. Offri la spedizione gratuita quando il totale è uguale o superiore a 100€. Ecco il codice che calcola il totale dell'ordine:

```
var ordineTot;
if (merceTot >= 100) {
 ordineTot = merceTot;
}
else if (merceTot < 50.01) {
```

```
  ordineTot = merceTot + 5;
}
else {
 ordineTot = merceTot + 5 + (.03 * (merceTot
- 50));
}
```

Se il totale della merce è di almeno 100€ (riga 2), il totale dell'ordine è uguale al totale della merce (riga 3). Se il totale della merce è pari o inferiore a 50€ (riga 5), il totale dell'ordine è pari al totale della merce più 5€ (riga 6). Se il totale dell'ordine è compreso tra 50€ e 100€ (riga 8), il totale dell'ordine è il totale della merce più 5€ più il 3 percento dell'importo oltre 50€ (riga 9). Se compri qualcosa che costa 150€, in totale pagherai 150€, se costa 15€ il totale è 20€. Se compri qualcosa che costa 70€ pagherai 75,60€ in totale. Ecco come trasformiamo il codice precedente in una funzione:

```javascript
function calcoloTot(merceTot) {
    var ordineTot;
    if (merceTot >= 100) {
     ordineTot = merceTot;
    }
    else if (merceTot < 50.01) {
     ordineTot = merceTot + 5;
    }
    else {
     ordineTot = merceTot + 5 + (.03 *
(merceTot - 50));
    }
    return ordineTot;
}
```

L'aspetto su cui concentrarsi qui è che dichiariamo una variabile, ordineTot (riga 2) e, dopo l'elaborazione, la funzione restituisce il valore conservato al codice chiamante (linea 12) quindi restituisce i dati. Successivamente il codice chiamante ha bisogno di un modo per catturare i dati. Cos'altro potrebbe essere se non una variabile? Ecco il codice che chiama la funzione ed assegna il valore ad una variabile:

```
var totaleAddebito = calcoloTot(80);
```

Stiamo assegnando una funzione ad una variabile? Si, non è poi così strano perché quello che stai effettivamente assegnando alla variabile è il valore restituito dall'istruzione return, che viene passato dalla funzione.

Ora c'è una comunicazione bidirezionale tra il codice chiamante e la funzione. Il codice chiamante passa il valore 80 alla funzione, che viene catturato dal parametro merceTot della funzione. Questa variabile, merceTot, viene utilizzata nel corpo della funzione per calcolare il totale dell'ordine. Tramite l'istruzione return, il totale dell'ordine viene restituito a totaleAddebito nel codice chiamante.

Nota bene che la variabile nel codice chiamante, totaleAddebito, che rileva il valore è diversa dalla variabile all'interno della funzione, merceTot, che restituisce il valore. È stato fatto di proposito, quindi non pensare che le due variabili debbano condividere lo stesso nome.

Lo stesso vale per la variabile restituita da una funzione e la variabile nel codice chiamante che la cattura. Possono condividere lo stesso nome, ma non è necessario. Laddove è possibile utilizzare una variabile, è possibile utilizzare una funzione, infatti tecnicamente, una funzione è una variabile. Ad esempio, è possibile specificare il messaggio da mostrare nella funzione alert come segue:

```
alert(calcoloTot(80));
```

Abbiamo imparato che puoi passare qualsiasi numero di argomenti ad una funzione. Sfortunatamente, non hai questa flessibilità con la parola chiave return. Indipendentemente dal numero di parametri che richiede o dalla quantità di elaborazione, una funzione può restituire uno ed un solo valore al codice chiamante. Per ovviare a questo problema è possibile, tuttavia, restituire un oggetto con più elementi o un array.

Tipi di variabili

Un tema da affrontare e molto delicato riguarda il tipo di variabili nei programmi JavaScript, o meglio, la differenza tra variabili **globali** e **locali**. Alcune variabili sono definite a livello globale, il che le rende variabili globali, altre variabili sono definite in una funzione, il che le rende variabili locali per la funzione. In realtà, una variabile globale è dichiarata nel corpo principale del codice quindi non all'interno di una funzione.

Una variabile locale è dichiarata all'interno di una funzione. Può essere un parametro della funzione, che viene dichiarato implicitamente da un nome come parametro o una variabile dichiarata esplicitamente nella funzione con la parola chiave var. Ciò che rende globale una variabile globale è la sua significatività in ogni sezione del codice, sia nel corpo principale sia in una qualsiasi delle funzioni. Una variabile locale è significativa solo all'interno della funzione dove è dichiarata. Quindi ci sono due differenze tra variabili globali e locali: dove sono dichiarate e dove sono possono essere utilizzate.

Prima di mostrarti l'esempio, metti da parte ciò che sai sul passaggio di valori ad una funzione tramite argomenti e sul passaggio di un valore al codice chiamante tramite l'istruzione return. Innanzitutto, nel codice principale, dichiaro una variabile seguita da una chiamata ad una funzione:

```
var somma;
aggiungiNumeri();
function aggiungiNumeri() {
 somma = 3 + 3;
}
```

Nell'esempio, la variabile somma è dichiarata nel codice principale e la funzione aggiungiNumeri viene chiamata per assegnargli un valore. Essendo stata dichiarata nel codice principale, la variabile ha visibilità globale quindi questa funzione o qualsiasi altra funzione può usarla. La funzione assegna la somma di 3 + 3 a questa variabile globale. Poiché la variabile ha visibilità globale, l'assegnazione è significativa in tutte le sezioni del codice, sia nel codice principale che in tutte le funzioni. La variabile ora ha il valore 6 sia nella funzione aggiungiNumeri, sia nel codice principale e in ogni altra funzione che la utilizza.

Attenzione perché se dichiaro la variabile all'interno della funzione in questo modo:

```
function aggiungiNumeri() {
 var somma = 3 + 3;
}
```

La variabile ha il valore 6 solo all'interno della funzione infatti in tutte le altre funzioni è sconosciuta e non ha alcun valore. Poiché la variabile somma è dichiarata con la parola chiave var all'interno della funzione e non nel codice principale, la sua visibilità (anche detta **scope**) è locale. È significativo solo all'interno della funzione mentre in altre funzioni e nel codice principale ha valore undefined.

Diciamo che una variabile ha visibilità locale quando la dichiari in una funzione. "Dichiarandola in una funzione" intendiamo dire che dichiari esplicitamente la variabile con la parola chiave var, invece di introdurla casualmente nella funzione senza tale parola chiave. Se si inizia ad utilizzare una nuova variabile nel corpo di una funzione senza dichiararla esplicitamente nella funzione con la parola chiave var, tale variabile è globale, anche se non l'hai dichiarata in nessun punto del codice principale. Adesso dichiarerò una variabile sia nel codice principale che nella funzione:

```
var somma = 100;
aggiungiNumeri();
function aggiungiNumeri () {
 var somma = 3 + 3;
}
```

Dichiarando la variabile due volte, una volta nel codice principale e una volta nella funzione, ho creato due variabili diverse che condividono lo stesso nome. Una variabile somma è globale, l'altra è locale. Questo non è qualcosa che dovresti mai fare - potresti incorrere in errori di codifica e rendere il tuo codice quasi impossibile da eseguire - ma l'ho fatto per mostrare la differenza tra visibilità globale e locale.

Dichiarando somma una volta nel codice principale e di nuovo nella funzione, ho creato una variabile globale utilizzabile ovunque e una variabile locale con lo stesso nome utilizzabile solo all'interno della funzione. La variabile globale può essere usata ovunque tranne all'interno della funzione. All'interno della funzione, il nome somma indica una variabile locale, quindi il nome non può fare riferimento alla variabile globale. In questa situazione si dice che la variabile globale è "oscurata" dalla variabile locale infatti all'interno della funzione, non può essere vista. La variabile locale somma ha un valore di 6 all'interno della funzione, ma somma al di fuori della funzione ha un valore pari a 100.

Tutto questo ci porta ad una riflessione: se una funzione può usare una variabile globale, perché devi passare un valore da un argomento a un parametro? Perché non dichiarare semplicemente una variabile globale, quindi utilizzarla per la funzione? In realtà è possibile farlo ma ti espone a dei rischi riguardo la sicurezza. È sempre meglio passare dei valori in modo esplicito alle funzioni tramite argomenti piuttosto che usare variabili globali.

La stessa logica si applica all'istruzione return. È possibile modificare il valore di una variabile globale all'interno di una funzione senza la necessità di usare return. In questo caso, il valore cambia ovunque, anche nel codice principale. Sia chiaro che non è necessaria l'istruzione return ma è caldamente consigliato usare una variabile locale all'interno della funzione per poi restituire esplicitamente quel valore attraverso un'istruzione return.

Capitolo 5
Gli eventi

Un buon sito Web è un sito reattivo dove l'utente esegue un'azione: un clic su un pulsante, sposta il mouse, preme un tasto e, in modo conseguente si innesca un'azione. JavaScript ti offre molti modi per rispondere alle esigenze dell'utente, ad esempio, immaginiamo che l'utente digiti un numero nel campo "kg" in un form. Quando l'utente modifica l'unità di misura in "grammi", viene visualizzato l'equivalente in grammi.

Un altro esempio si verifica quando l'utente ha inserito il suo indirizzo e-mail in un form e sta per scrivere un commento. Non appena sposta il cursore dal campo e-mail al campo del commento, JavaScript verifica se l'indirizzo e-mail è valido. Nel caso in cui non sia valido viene visualizzato un messaggio che lo informa di inserire un indirizzo e-mail valido.

Il codice JavaScript che risponde ad un evento è chiamato **gestore di eventi**. Vediamo un primo evento da gestire:

```html
<a href="#"
onClick="salutaUtente('Utente');">Click</a
>
```

Se conosci HTML, sai che di solito nel campo href viene specificata una pagina o un sito Web a cui collegarsi ma, quando l'utente fa clic sul link in esempio, questo si comporta diversamente. Invece di portare l'utente su un'altra pagina o su un altro sito, viene visualizzato un alert che dice "Ciao, Utente".

Quando l'utente fa clic sul link, non viene reindirizzato da nessuna parte e, invece, viene eseguita un'istruzione JavaScript, in questo caso chiamando una funzione. Quando l'utente fa clic sul collegamento, in questo caso non si desidera caricare una nuova pagina Web, quindi, anziché un URL, si inserisce un # tra virgolette per l'attributo href. Questo dice al browser di ricaricare la pagina corrente mentre onClick dice al browser: "Quando si fa clic sul pulsante, esegui il seguente codice JavaScript."

onClick, così come gli altri gestori di eventi, non fa distinzione tra maiuscole e minuscole. Potresti scrivere onclick, ONCLICK o OnClIcK e funzionerebbe comunque ma secondo la convenzione si usa onClick, quindi ti consigliamo di usare questa notazione.

Il messaggio all'interno delle parentesi è racchiuso tra virgolette singole e non tra virgolette doppie per consentire all'interprete JavaScript di distinguere la funzione dal parametro. Nel codice JavaScript, non è consentito nidificare virgolette doppie tra virgolette doppie o virgolette singole all'interno di virgolette singole quindi poiché l'intera istruzione JavaScript è racchiusa tra virgolette doppie, è necessario racchiudere il messaggio di avviso tra virgolette singole.

Questo crea un problema con il markup infatti <a href = "#" indica al browser di ricaricare la pagina. Ciò significa che se l'utente si è spostato verso il fondo della pagina fino al link, il click, oltre ad eseguire il codice JavaScript, riporterà l'utente in alto nella pagina, un'azione che normalmente non è desiderata. Per correggere questo errore puoi usare:

```
<a href="javascript:void(0)"
onClick="salutaUtente('Utente');">Click</a
>
```

Ora hai esattamente quello che vuoi e non succede nulla a parte l'esecuzione del codice JavaScript. Nell'esempio sopra, il click esegue solo una singola istruzione JavaScript ma non vi è alcun limite al numero di istruzioni JavaScript che è possibile racchiudere tra le virgolette.

Tuttavia, come vedrai, ci sono modi migliori per attivare JavaScript piuttosto che impacchettare più istruzioni in un evento onClick. Vediamo come usare più istruzioni in un evento onClick:

```html
<a href="javaScript:void(0)" onClick="var nome='Utente';
salutaUtente(nome);">Click</a>
```

Pulsanti

Supponiamo che quando l'utente fa click su un pulsante, venga visualizzato un alert che dice "Ciao, utente." Ecco il codice:

```html
<input type="button" value="Click"
onClick="salutaUtente('Utente');">
```

Il gestore dell'evento è lo stesso, sia per un link che per un pulsante. Nel seguente esempio, abbiamo un singolo <button> che, se premuto, trasforma lo sfondo in un colore casuale, il codice HTML è:

```html
<button
onClick="cambiaSfondo()">Cambia
colore</button>
```

Il codice JavaScript è il seguente:

```javascript
function casuale(number) {
  return Math.floor(Math.random() *
(number+1));
}


function cambiaSfondo() {
  const colore = 'rgb(' + casuale(255) + ',' +
casuale(255) + ',' + casuale(255) + ')';
  document.body.style.backgroundColor =
colore;
}
```

In questo caso abbiamo introdotto un po' di novità: la funzione Math.floor() che consente di recuperare un numero intero, arrotondato per difetto, del valore passato come parametro; l'uso del document.body per cambiare il colore dello sfondo.

Abbiamo definito una funzione che restituisce un numero casuale mentre la parte finale del codice JavaScript è il gestore dell'evento. Siamo in ascolto per il click sul pulsante grazie alla proprietà onClick. Questo evento invoca una funzione contenente il codice per generare un colore RGB casuale e imposta la proprietà background-color del pulsante pari a questo colore.

Questo codice viene eseguito ogni volta che l'evento click viene attivato dall'elemento <button> ovvero ogni volta che un utente fa clic su di esso.

Mouse

Hai imparato come far reagire agli eventi quando l'utente fa click su un link, un pulsante o altro, utilizzando la gestione degli eventi. Supponiamo che la tua pagina inizialmente mostri un'immagine "prima" di un modello. Quando l'utente passa il mouse sopra l'immagine, questa viene sostituita da un'immagine "dopo". Potresti preferire farlo con CSS, ma poiché si tratta di un libro su JavaScript, ti mostrerò come farlo con un gestore di eventi. Questo è il markup che sostituisce l'immagine precedente con l'immagine successiva:

```
<img src="pic1.jpg"
onMouseover="src='pic2.jpg'">
```

La parola chiave è in camelCase che indica una notazione opzionale ma ampiamente usata: onMouseover. Il segno uguale segue la parola chiave onMouseover, proprio come accade con onClick. Potresti essere sorpreso dal fatto che la risposta all'evento non sia scritta in JavaScript infatti si tratta di markup HTML.

Nota bene: la sorgente dell'immagine deve essere racchiusa tra virgolette singole, a causa delle virgolette doppie che racchiudono l'intera frase e puoi utilizzare il gestore di eventi onMouseover anche con altri elementi HTML in modo simile.

Gli eventi associati al mouse sono davvero tanti perciò, per praticità, li riportiamo in una tabella:

onclick	L'utente clicca su un elemento
oncontextmenu	L'utente fa clic con il pulsante destro del mouse su un elemento per aprire un menu di scelta rapida
ondblclick	L'utente fa doppio clic su un elemento

onmousedown	L'utente preme un pulsante del mouse su un elemento
onmouseenter	L'utente sposta il puntatore su un elemento
onmouseleave	L'utente sposta il puntatore fuori da un elemento
onmouseout	L'utente sposta il puntatore del mouse fuori da un elemento o da uno dei suoi figli
onmouseover	L'utente sposta il puntatore su un elemento o su uno dei suoi figli
onmouseup	L'utente rilascia un pulsante del mouse su un elemento

onmousemove	L'utente sposta il puntatore mentre si trova su un elemento

Capitolo 6
DOM

In JavaScript è possibile recuperare gli elementi presenti nel codice HTML tramite i metodi getElementById e getElementsByTagName. Questi sono spesso i metodi migliori per recuperare degli elementi ma hanno dei limiti. Il primo, getElementById, ti dà accesso solo ai componenti a cui è stato assegnato un ID e non è detto che tutti gli elementi ne abbiano uno. Il secondo, invece, getElementsByTagName, è buono per le modifiche su larga scala ma non è adatto per lavori su elementi specifici. Entrambi gli approcci possono modificare la tua pagina Web ma nessuno dei due è in grado di creare nuovi elementi, spostare quelli esistenti o eliminarli. Fortunatamente, entrambi questi approcci sono solo due dei molti metodi per lavorare con il **Document Object Model**, il DOM.

Il DOM è un organigramma, creato automaticamente dal browser al caricamento della pagina Web, per l'intera pagina Web. Tutti gli elementi sulla tua pagina Web - i tag, i blocchi di testo, le immagini, i collegamenti, le tabelle, gli attributi di stile e altro - corrispondono ad un nodo su questo organigramma. Ciò significa che il tuo codice JavaScript può sfruttare qualsiasi cosa sulla tua pagina Web, semplicemente individuandola in questo grafico. Inoltre, il tuo JavaScript può aggiungere elementi, spostarli o eliminarli semplicemente manipolando il grafico. Potresti anche creare un'intera pagina Web da zero utilizzando i metodi DOM di JavaScript.

```html
<html>
<head>
 <title>
  Titolo
 </title>
</head>
<body>
 <p>Un paragrafo</p>
</body>
</html>
```

Il document è il primo livello e subito sotto troviamo il secondo livello ovvero html. E sotto l'html ci sono due elementi di terzo livello, head e body. Sotto ognuno di questi ci sono altri livelli.

Nell'organigramma DOM, ogni casella rappresenta un nodo. La pagina HTML rappresentata sopra, nella sua forma DOM ripulita, ha 8 nodi: il nodo del document, il nodo html, i nodi head e body, il nodo del titolo, il testo del titolo, un nodo per il paragrafo e uno per il testo del paragrafo. Il nodo del documento è sempre il livello principale.

Puoi fare riferimento a qualsiasi nodo del DOM dicendo che il nodo è il figlio X di un genitore particolare. In alternativa puoi fare riferimento ad un nodo dicendo che è il genitore di un qualsiasi figlio. Considera il seguente HTML:

```
<html>
<head>
 <title>
  Titolo
 </title>
</head>
<body>
 <p>Un paragrafo</p>
</body>
</html>
```

Ad eccezione del nodo del document, ogni nodo è racchiuso in un altro nodo. I nodi <head> e <body> sono racchiusi nel nodo <html>. Il nodo <p> è racchiuso nel nodo <body> e un nodo di testo è racchiuso nel nodo <p>. Quando un nodo è racchiuso in un altro nodo, diciamo che il nodo racchiuso è un figlio del nodo che lo racchiude. Quindi, ad esempio, il nodo <p> è un figlio del nodo <body>. Al contrario, il nodo <body> è il genitore del nodo <p>.

Cercare gli elementi

Ricapitoliamo come è possibile far riferimento agli elementi:

```
var email =
document.getElementById("email");
```

La precedente dichiarazione ha come target l'elemento con id pari a e-mail. Un altro modo per cercare tutti gli elementi di un tipo particolare all'interno del documento è dato dal metodo getElementsByTagName:

```
var paragrafi =
document.getElementsByTagName("p");
```

Dopo aver creato una raccolta di paragrafi, puoi scegliere come target qualsiasi paragrafo all'interno della raccolta in modo da poterne leggere il contenuto, per esempio.

```
var contentuto = p[0].innerHTML;
```

In questo caso abbiamo scelto il primo paragrafo della pagina e abbiamo memorizzato il suo contenuto nella variabile contenuto. Un'alternativa all'elenco di tutti gli elementi di un certo tipo nel documento consiste nel restringere il focus al di sotto del livello del document, ad esempio un div, e quindi creare un riferimento alla collezione di elementi contenuti all'interno di quel div.

```
var divRif =
document.getElementById("div2");
var pRif =
divRif.getElementsByTagName("p");
var contenuto = pRif [0].innerHTML;
```

Nell'esempio sopra, si genera una raccolta non di tutti gli elementi di tipo paragrafo nel documento, ma solo quegli elementi di paragrafo all'interno del div che ha un id pari a div2. Quindi scegli come target uno di quei paragrafi.

Un altro modo per trovare gli elementi all'interno del documento consiste nel cercarli sapendo l'esatta composizione del documento. Per far riferimento al tag <html> possiamo usare il seguente codice JavaScript:

```
document.childNodes[0].childNodes[1].childNodes[1].childNodes[1];
```

Ogni genitore è seguito da un punto, seguito dalla parola chiave childNodes. Ogni figlio è seguito da un numero tra parentesi proprio come nelle matrici. Poiché il valore restituito è un array, si farà riferimento al primo figlio con il numero 0.

Attenzione, questo approccio non è consigliato se hai in mente di modificare le pagine con frequenza. In questo caso, infatti, ogni modifica alla pagina rischia di compromettere la validità del tuo codice pertanto valuta bene quale approccio usare. Se sei insicuro ti consiglio di usare i metodi getElementById e getElementsByTagName per individuare gli elementi desiderati.

Conclusioni

Come abbiamo visto, JavaScript ha assunto un ruolo fondamentale nella programmazione Web, evolvendosi in continuazione. In questo ebook abbiamo esaminato le basi della programmazione in JavaScript, partendo dai valori e dalle variabili fino ad arrivare ai cicli, al DOM e a come è strutturata una pagina Web.

JavaScript non è un linguaggio molto elegante, tuttavia, è un linguaggio molto flessibile, ha un nucleo abbastanza elegante e consente di utilizzare una combinazione tra la programmazione orientata agli oggetti e la programmazione funzionale. Resta il neo dovuto alle differenze tra browser e per il DOM ed è questo il motivo per cui, di solito, è meglio fare affidamento su un framework piuttosto che usare solo JavaScript.

Nonostante i suoi difetti, si tratta di un linguaggio ampiamente utilizzato e con due grandi vantaggi. Innanzitutto, è documentato e supportato in modo eccellente, in secondo luogo, è molto usato quindi se stai cercando lavoro è un'ottima scelta.

JavaScript offre grandi potenzialità e, nonostante sia abbastanza longevo, ha davanti un grande futuro perché si evolve costantemente e c'è molta innovazione intorno a questo linguaggio. Infine, JavaScript è supportato da un'ampia coalizione di aziende quindi non viene controllata da una sola persona o azienda, favorendo la sua natura open source.